叢書〈語りつぐ政治思想〉 Political Theory

ハンナ・アレント再論

〈あるべき政治〉を求めて

Arendt

寺島俊穂 著

萌書房

凡例

一、原著者による強調箇所は傍点で、筆者による強調箇所は**太字体**で示した。

一、アレントの著作からの引用については、邦訳に依拠した場合は、原著と邦訳の頁数を併記した。独自に翻訳した場合は、原著の頁数のみを脚注に示した。邦訳に依拠した場合でも、訳語や表記の統一という観点から原著に照らして邦訳を若干変更した場合もある。

一、脚注には、本文中に登場する人物の初出箇所でアルファベット表記、生(没)年、簡単な説明を入れた。簡単な事項説明も付け加えた。

一、図は、すべて筆者が作成したものである。

一、以下のアレントの著書については、次のような略字を使用する。引用または参照した邦訳書を併記する。引用箇所は、脚注に原著の頁、邦訳書の頁で示す。たとえば、「*BPF*, p. —. 邦訳、○○頁」と表記する。邦訳が分冊になっている場合は、邦訳(1)、邦訳(2)、邦訳(3)などと表記する。

AJ *Hannah Arendt/Karl Jaspers, Briefwechsel 1926-1969*, hrsg. von Lotte Köhler und Hans Saner (Piper, 1985)〔ロッテ・ケーラー、ハンス・ザーナー編/大島かおり訳『アーレント=ヤスパース往復書簡――1926-1969』(1~3)(みすず書房、二〇〇四年)〕

BPF　*Between Past and Future: Six Excercises in Political Thought*, Revised edition, including two additional essays (The Viking Press, 1968)〔引田隆也・齋藤純一訳『過去と未来の間』(みすず書房、一九九四年)〕

CR　*Crises of the Republic* (Harcourt, Brace & Jovanovich, 1972)〔山田正行訳『暴力について――共和国の危機』(みすず書房、二〇〇〇年)。本文中では『共和国の危機』と表記する〕

DT　*Denktagebuch, 1950 bis 1973*, hrsg. von Ursula Ludz und Ingeborg Nordmann, in Zusammenarbeit mit Hannah-Arendt-Institut, Dresden (Piper, 2002)〔ウルズラ・ルッツ、インゲボルク・ノルトマン編／青木隆嘉訳『思索日記Ⅰ』、『思索日記Ⅱ』(法政大学出版局、二〇〇六年)〕

EJ　*Eichmann in Jerusalem: A Report on the Banality of Evil*, Rev. and enl. ed. (Viking Press, 1963)〔大久保和郎訳『エルサレムのアイヒマン――悪の陳腐さについての報告［新版］』(みすず書房、二〇一七年)〕

EU　*Elemente und Ursprünge totaler Herrschaft*, aus dem Englischen von der Verfasserin (Piper, 1986)〔大久保和郎訳『全体主義の起原1　反ユダヤ主義［新版］』(みすず書房、二〇一七年)、大島通義・大島かおり訳『全体主義の起原2　帝国主義［新版］』(みすず書房、二〇一七年)、大久保和郎・大島かおり訳『全体主義の起原3　全体主義［新版］』(みすず書房、二〇一七年)。本文中では、『全体主義の起源』と表記する〕

HC　*The Human Condition*（University of Chicago Press, 1958）〔志水速雄訳『人間の条件』（ちくま学芸文庫、一九九四年）〕

LK　*Lectures on Kant's Political Philosophy*, edited and with an interpretive essay by Ronald Beiner（University of Chicago Press, 1982）〔ロナルド・ベイナー編／浜田義文監訳『カント政治哲学の講義』（法政大学出版局、一九八七年）〕

***LM* 1, *LM* 2**　*The Life of the Mind*, vol. 1 *Thinking*, vol. 2 *Willing*, edited by Mary McCarthy（Harcourt Brace Jovanovich, 1978）〔佐藤和夫訳『精神の生活』（上・下、岩波書店、一九九四年）〕

MDT　*Men in Dark Times*（Harcourt, Brace & World, 1968）〔阿部齊訳『暗い時代の人々』（ちくま学芸文庫、二〇〇五年）〕

OR　*On Revolution*（The Viking Press, 1963）〔志水速雄訳『革命について』（ちくま学芸文庫、一九九五年））

OT　*The Origins of Totalitarianism*, 3rd ed.（Harcourt, Brace & World, Inc., 1966）

PP　*The Promise of Politics*, edited and with an introduction by Jerome Kohn（Schocken Books, 2005）〔ジェローム・コーン編／高橋勇夫訳『政治の約束』（ちくま学芸文庫、二〇一八年）〕

RJ　*Responsibility and Judgment*, edited and with an introduction by Jerome Kohn（Schocken Books, 2003）〔ジェローム・コーン編／中山元訳『責任と判断』（ちくま学芸文庫、二〇一六年）〕

RV　*Rahel Varnhagen: Lebensgeschichte einer deutchen Jüdin aus der Romantik* (Piper, 1959)〔寺島俊穂訳『ラーヘル・ファルンハーゲン――あるドイツ・ユダヤ女性の生涯』（未來社、一九八五年）〕

VT　*Die verborgene Tradition: Acht Essays* (Suhrkamp, 1976)〔寺島俊穂・藤原隆裕宜訳『パーリアとしてのユダヤ人』（未來社、一九八九年）。邦訳は原著を再編集したもの〕

WP　*Was ist Politik?: Fragmente aus dem Nachlaß*, hrsg. von Ursula Ludz (Piper, 1993)〔ウルズラ・ルッツ編／佐藤和夫訳『政治とは何か』（岩波書店、二〇〇四年）〕

ハンナ・アレント再論――〈あるべき政治〉を求めて――*目次

ハンナ・アレント再論

――〈あるべき政治〉を求めて――

序章

アレントの現在性

Arendt

1　二〇世紀の政治的経験

●アレントの思想的インパクト

ハンナ・アレント[*1]が二〇世紀を代表する政治思想家、政治哲学者とみなされるようになってから久しい。アレントの著作は、政治思想の分野だけでなく、他分野の研究者にも大きな影響を与えている。ドイツからの亡命知識人としては、レオ・シュトラウス[*2]、エリック・フェーゲリン[*3]らも重要であり、彼らはそれぞれ古典的な様式で政治哲学を復権させようとしている点で共通している。

死後にも続く影響力の大きさという点では、アレントは、ジョン・ロールズ[*4]と比肩できるが、政治理論以外では、ロールズの場合、倫理学、経済学、法哲学が中心だが、アレントの場合は、哲学、社会思想、フェミニズムから市民活動や社会活動に従事する人びとにまで影響を与えている点に違いがある。もちろん、ロールズの場合、マクロな政治社会の

＊1　Hannah Arendt, 1906–1975. ドイツ系ユダヤ人の政治思想家。政治のあり方を探究した政治哲学者でもある。

＊2　Leo Strauss, 1899–1973. 古典の解釈をとおして政治哲学の復権を唱えた政治哲学者。

＊3　Eric Voegelin, 1901–1985. 人間の精神的次元に重きを置いた政治哲学者。

＊4　John Rawls, 1921–2002. 現代における正義論の復活に多大の貢献をなした政治哲学者。

構成原理を打ち出したインパクトは大きいが、逆にアレントの場合、日常世界から政治を捉えなおした点が大きな違いである。現代の政治哲学には、ロールズ的政治哲学と非ロールズ的政治哲学という二つの流れがあるが、アレントは後者の代表格であり、ロールズとは違った意味で人間の営みの地平から政治を捉えなおしていると言える。人間はいかに生きるべきかという問いに対しても、読者各人が考えていくためのヒントを提示している点にも大きな魅力があるのではないかと思われる。

アレントの思想はさまざまな側面があり、さまざまな解釈がなされてきた。アレントについては、すでに多くの研究書・概説書が書かれてきた。また、死後、日記や手紙や草稿が次々と出版されてきた。それは、彼女の思想のもつアクチュアリティ（現在性）によるところが大きいと思われる。全体主義は依然として現実的な可能性であり、人種概念やナショナリズムは現在でも差別意識を掻き立てている。現代社会における管理社会化は、社会の全体主義化を生み出しており、アレントの問題提起は「過ぎ去らない過去」であり続けている。二一世紀になっても国民国

ジョン・ロールズ。

家の枠組みは基本的には変わっていない。難民、無国籍者の置かれた状況には変化は見られるが、難民を生み出す政治状況は続いている。大衆社会と情念の政治は、ポピュリズム[*5]というかたちで広がりと深まりを増している。アレントが予見した、オートメーションによる労働からの解放は、ＡＩ（人工知能）という新技術の実用化によって現実味を帯びているが、現在でもアレントの言う「活動」や「仕事」よりも「労働」に価値を置く近代社会の枠組みは続いている。一九九〇年代以降、市民社会のなかで彼女の言う「活動」が活かせないかという視点から、市民運動や市民活動に携わる人びとからも注目されている。

一方、アレント研究は政治思想に限らず、哲学、社会学、社会思想、女性学など他分野でもなされ、さまざまな問題関心のもとで研究が積み重ねられているとともに、入門書や解説書も数多く出版されている。また、アレントに関する国際シンポジウムや研究集会がたびたび催され、アレント研究は進展し、彼女の思想の襞々まで論じられるようになってきた。

＊5　populism. 民衆の不満や不安に応えようとする直接民主主義的な政治運動や政治手法。デモクラシーの一側面だが、既存のエリートを攻撃し、大衆の感情や情念に訴え、支持を得る手法をとる。アレントが価値を置く理性的自己統治としての共和政とは相容れない。

とはいえ、アレント研究が深化し、アレントの著作の一部に焦点を当てたり、特定のテーマに絞ったりすればするほど、政治思想家としてのアレントの全体像は見失われがちである。より重要なことは、都合の良い部分を切り取ったり、自己を投影することによっては、アレントの思想的真意を捉えられないことである。これまでのアレント研究は、テクストの内在的理解に終始するか、自分の立場を正当化するためにアレントを活用する研究がほとんどだが、アレントが思想家を解釈する場合そうであったように、彼女の思想の核心を捉えたうえで、それを発展させていく必要がある。とくに、アレントが政治理論家であり、新しい政治学を構築しようという意図をもっていたという事実を踏まえて、政治理論家としての思想展開を重視する必要があると考えるからである。

●アレントの生きた時代

アレントは、二〇世紀の激動を生き抜いた思想家であり、常に現実世界の出来事の意味を考察し、書き著した著述家であった。彼女の中心的

八歳の頃のアレント。右側は母マルタ。

な関心が政治にあったことは確かであるが、自分が生きた時代の最も重要な問題に真正面から向かい合った思想家であった点が独特の性格を形づくっている。常に自らにとって最も切迫した問題に取り組み、時代を超える普遍性をもつ考察を展開してきたと言える。アレントが時代の危機と捉え、克服しようとした人種主義、帝国主義[*6]、大衆社会、全体主義、難民の置かれた状況、政治における嘘は、彼女の生きた時代とは形態は変わっても（たとえば、人種主義は人種差別主義《レイシズム》、亡命は難民化、帝国主義は大国への従属、文化帝国主義や言語帝国主義に変わっても）、現代においても本質的に変わらず存在しており、そのことが彼女の政治思想を現代においても切実であり続けさせているのだと言える。

しかし、アレントの魅力はたんに政治的事象に歴史的にアプローチしてその本質的要素を抽出したことだけにあるのではない。アレントの傑出したところは、政治と人間についての原理的な省察を展開したところにもある。偉大な政治思想家には必ず人間論があるというように[*7]、アレントにも人間論があり、それが政治哲学の伝統には見られない独自の人

＊6　imperialism. 大国が自国の権益の拡大を求めて他民族の居住地域を侵略して植民地化すること。第二次世界大戦後、民族自決権が旧植民地にも適用され、脱植民地化が急速に進むとともに、帝国主義は否定の対象となった。

＊7　丸山眞男は、「人間と政治」（一九四八年）のなかで「政治を真正面から問題にして来た

間学的考察として展開している点も特徴的である。アレントの人間論は、ドイツ哲学の影響を受けているが、「複数性の哲学」として独自の理解を示したものである。

したがって、本書では、アレントを政治哲学も含む広い意味での政治思想家として捉え、彼女の最重要課題である、政治が人間にとってもつ意味を、彼女の思想の隠された側面も含め、その思想構造（思想的核心）を明らかにするなかで考究していきたい。というのも、アレントの政治思想のラディカルさ（根底的性格）は、私たちが通常、政治だと考えていることは実は政治ではない、すなわち、本来あるべき政治は別のところにあるのだということを示した点にあると考えられるからである。したがって、本書では、そういった**政治概念の転換**がどのようにして可能になったか、わかりやすく語ることに主眼を置きたいのである。

思想家は古来必ず人間論（アントロポロギー）をとりあげた」と述べている（「人間と政治」『丸山眞男集　第三集』（岩波書店、一九九五年）二〇七頁）。

2　アレント政治思想の特徴

●政治思想家としてのアレント

アレントは、広い意味での政治思想家であり、政治的事象の考察に彼女の思考の中心点があった点に留意すべきである。アレントがプラトン[*8]に始まる政治哲学の伝統に反旗を翻したのは、政治哲学の伝統が政治に敵対していたからであり、人間の営みとしての政治の意味をつかみ損なっているからである。しかし、アレントは、自らのことを「ドイツ哲学の伝統の出身だ[*9]」と述べているように、哲学から学んだことを政治的事象の分析に活かしており、彼女自身は一九三三年に「哲学に別れを告げた」と語っているが[*10]、彼女の政治思想は、哲学と分かちがたく結びついていたと見るべきであろう。したがって、アレントは政治理論家と自称していたが、政治的事象を考察した政治思想家であり、政治的事象のなかに本質的契機を見いだした政治哲学者でもあったと言える。

＊8　Platōn, 前427-347. 古代ギリシアの哲学者。「不変の実在」であるイデアを探究した。

＊9　Hannah Arendt, "Eichmann in Jerusalem" (an exchange of letters between Gershom Sholem and Hannah Arendt), *Encounter*, vol. 22 (January 1964), p. 53.

＊10　"Was bleibt? Es bleibt die Muttersprache: Ein Gespräche mit Günter Gaus," in: Adebelt Reif (Hrsg.), *Gespräche mit Hannah Arendt* (Piper, 1976), S. 9. 本論文の邦訳は、「「何が残った？　母語が残った」──ギュンター・ガウスとの対話」（矢野久美子訳）として、ジェローム・コーン編／齊藤純一・山田正行・矢野久美子訳『アーレント政治思想集成1　組織的な罪と普遍的な責

アレントは、政治嫌いの政治哲学、政治を目的実現のための手段と見る政治思想に抗して、政治自体に価値があると認識し、アレクシ・ド・トクヴィル[*11]やエドマンド・バーク[*12]のように、人間の政治的経験を観察し、そこから本質的要件を見いだす思想家に注目している。一方で、プラトンの著作に現れてくるソクラテス[*13]とは生涯にわたって対話を続け、マルティン・ハイデガー[*14]、カール・ヤスパース[*15]をはじめとして二〇世紀を代表する哲学者たちとの交流のなかで多くのことを摂取し、自らの政治理論構築に役立てたと言える。

　哲学者が著した政治哲学は、哲学者が政治に煩わされないで生きていくことのできる政治社会の構想であったが、アレントの政治思想は、政治のポジティヴな歴史的経験を伝えることに主眼を置くものになった。アレントは、政治には極限状況において人間の生命を否定することが可能だが、日常的には政治は暴力を用いず、ことばによって、すなわち説得によって共同の問題を解決する非暴力的な営みだということを明らかにしようとした。

任』（みすず書房、二〇〇二年）に収録されている。

*11 Alexis-Charles-Henri Clérel de Tocqueville, 1805–1859. フランスの政治思想家。政治的事象の本質を歴史的に叙述した。

*12 Edmund Burke, 1729–1797. イギリスの政治思想家。保守主義の思想的表現を行なった。

*13 Sōkratēs. 前469頃–399. 古代ギリシアの哲学者。対話をとおして哲学的真理を探究するとともに、自分のことばと矛盾せずに生きた。

*14 Martin Heidegger, 1889–1976. ドイツの哲学者。独自の存在論を打ち立てた。マールブルク大学でアレントを指導しただけでなく、二人は親密な関係になったと言われる。

人間についての深い洞察に基づいて政治を活動として意味づけた書である『人間の条件』（一九五八年）がアレントの政治理論の主著とみなされるのは、人間が行なっていることを古代ギリシア以来の人間の経験に基づき、実存哲学や現象学から学んだ哲学的認識を活用して抽象的なかたちで示しているからである。政治を国家やシステムの側からではなく、人間の側から捉えなおす視座を構築した点に、アレントの政治思想家としての独自性が見いだせるのである。

●政治思想研究の特質

政治思想研究において心がけるべきなのは、次のような事柄である。①思想家の思想構造（思想的核心）を捉える——思想家の全著作を先入見なしに読む。②政治思想の場合、人間論を押さえることも重要である——偉大な思想家には必ず人間論がある。③「これを研究しないと生きていけない／死んでいけない問題」に取り組む。④自分の視点から思想を再構成し、さらに独自の視点で発展させる。⑤政治の基本概念につい

＊15　Karl Theodor Jaspers, 1883-1969. ドイツの哲学者。ハイデルベルク大学でアレントの博士論文の指導をしただけでなく、生涯にわたって信頼し合う関係を築いた。

ての思想家独自の意味づけ、再定義に注意する。これらのことは、アレントを研究する／読む場合にも当てはまる。それぞれの項目についてアレントとの関連で考えてみたい。

⑴思想的核心を捉える

アレントは、過去の政治思想を解釈したり、歴史的出来事を物語ったりするとき、思想家、すなわち「過去の新しい空間に赴いて、すべてを新たな目で見る者」[*16]として独自に解釈している。アレントは、区別することの重要性を確信し、問題を徹底的に究明する習慣がついている人は、自分のモデルをつくり上げ、そこには「その人の生き方が指し示し、その人抜きには何一つ知られようのない核心的事実を開示している」[*17]と書いているが、アレント自身の構築した理論（モデル）のなかにも彼女の経験が隠されている。

たとえば、アレントが『人間の条件』のなかで人間の行為形態を「労働」「仕事」「活動」に区別したのは、料理をつくるなどの家事労働が「労働」に当たり、著述家としての執筆活動が「仕事」に当たり、対ナ

＊16　アレントは、『思索日記』のなかで「注釈者には⑴世界にはまったく関心がなく、著者の言っていることを本当に知ろうとする者、⑵伝統を復興しようとする者、⑶ハイデガーのように、過去の新しい空間に赴いて、すべてを新たな目で見る者、という三種類がある。すなわち、アレクサンドリアの学者、〈政治家〉、思想家である」（*DT.* S. 520. 邦訳(Ⅱ)、八九頁、一九五五年三月記）と書いているが、もちろん、アレントは⑶に当たる。

＊17　*DT.* S. 771-772. 邦訳(Ⅱ)、四〇九頁（一九七〇年七月記、原文・英語）。

チスの抵抗運動が「活動」に当たるというように、個人的体験が彼女のモデルの根底にあったと考えられる。したがって、伝記的要素に注目する必要もあるが、より重要なのは、区別をすることによってわれわれの認識を向け変えるという、彼女の隠された意図に注目することである。労働中心の価値観に変更を迫るには、「労働」と「仕事」、「仕事」と「活動」の差異を明確にしておく必要があったのである。これは、ペリアゴーゲー（向け変え、方向転換）としての政治哲学の機能である。

(2) 人間論に注目する

偉大な政治思想家には必ず人間論があるのは、政治学が人間の学であり、さまざまな側面を併せもった人間をありのままに理解することなしには、あるべき政治社会を構想できないからである。たとえば、「人間は人間に対して狼である」と見たトマス・ホッブズ[*18]と、人間は虐げられた人びとに対する憐れみの情を具えていると見たジャン＝ジャック・ルソー[*19]のどちらかが正しいとか、観察された人間が異なっていたというのではなく、かりに同じ人間を観察したとしても異なった見方が可能であ

＊18　Thomas Hobbes, 1588-1679. イギリスの政治哲学者。自然権、主権、立憲主義など近代政治原理を構築した。

＊19　Jean-Jacques Rousseau, 1712-1778. ジュネーヴで生まれフランスで活躍した政治哲学

り、人間を理解するにはある側面を強調する必要があったと考えるべきである。

アレントは、近代の政治哲学者のように、人間本性を規定することは否定するが、人間の条件の理解を基底に置いて政治を考察したのであり、彼女の政治思想は人間についての深い洞察に支えられていた。アレントの場合、評伝として物語られている部分もあるので、具体的な叙述から彼女が価値を置いたものを引き出さねばならない。

⑶切実な問題に取り組む

後世にまで読みつがれる作品を残した思想家は「これを研究しないと生きていけない」問題に全力で取り組んだからこそ、不朽の作品を残せたのである。政治理論のパラダイム転換[*20]をなすような政治思想の著作が危機の時代に生まれたというのは、思想家が自ら生きた時代状況において最も切迫した問題に徹底して取り組んだからである。アレント自身の場合もそうだったのであり、読者も自らの置かれている切実な問題を意識して思考を発展させていくことができるところに、彼女の政治思想の

者。人民主権の政治原理を確立した。

＊20 paradigm change (shift). 特定の分野で当然視されていた認識や理論的な枠組みを根底的に転換すること。

最大の魅力がある。

アレントの主著『全体主義の起源』（一九五一年）は、ナチズムを身をもって体験し、スターリン[*21]が存命中の一九四〇年代に書かれた書であり、全体主義は、彼女にとってその生成のメカニズムを理解することなしには生きていくことができない大きな問題であった。アレントの傑出した点は、たんに全体主義を歴史的に分析しただけでなく、全体主義が否定したものを反転させて『人間の条件』や『革命について』においてポジティヴな政治理論を構築したところにある。

もちろん、学問研究である以上、「自分をナマに仕事のなかに出さない」、すなわち、自分の体験を直接書くことはしないというのが、暗黙のルールである。[*22]もちろん、アレントも、客観的な事象連関を解明することに全力を注いだわけだが、死ぬまで「手すりのない」思考に従事したのであり、その際自分が体験したり、経験したりしたことがもとになっているので、伝記的要素と政治思想のつながりを理解しておく必要がある。したがって、本書では、各章のはじめにアレントの個人的状況と

＊21　Iosif Vissarionovich Starlin, 1879-1953. ソヴィエト連邦の政治家。全体主義体制の最高指導者として一九三〇年代に反体制派を大量に粛清（抹殺）した。

＊22　丸山眞男「魯迅の会　好さんへの追悼（あまり原稿）」（一九七七年）、『丸山眞男　別集　第三巻』（岩波書店、二〇一五年）所収、二三二頁参照。

置かれていた時代状況を簡単に記すことにする。

(4)過去を未来につなげる

政治思想には、過去の叡智を未来につなげる役割がある。アレントが自分自身の思想表現をするために過去の思想家を解釈したように、アレントの政治思想を内在的に理解するだけでなく、自分の視点から彼女の思想を再構成し、さらに独自の視点で発展させる必要がある。

アレントは、トクヴィルの『アメリカのデモクラシー』第二巻（一八四〇年）最終章のなかのことば、「過去はもはや未来を照らさず、精神は闇の中を進んでいる (Le passé n'éclairant plus l'avenir, l'esprit marche dans les ténèbres.)」[*23]を、「過去が未来へ光を投げかけるのを止めてからは、人間精神は暗闇をさまよっている (Seit die Vergangenheit aufgehört hat, ihr Licht auf die Zukunft zu werfen, irrt der menschliche Geist in der Finsternis.)」[*24]と言いなおしているように、未来を照らすべき過去を求めて、歴史を遡っている。

過去の叡智を未来につなげていくには、思想を発展させ、新たな地平

*23 Alexis de Tocqueville, *De la démocratie en Amérique* II (1840), en *Tocqueville Œuvres 2*, édition publiée sous la direction d'André Jardin (Gallimard, 1992), p. 850. トクヴィル／松本礼二訳『アメリカのデモクラシー』（第二巻（下）、岩波文庫、二〇〇八年）二七八頁。

*24 Hannah Arendt, »Geschichte und Politik in der Neuzeit«(1957), in: *Zwischen Vergangenheit und Zukunft* (Piper, 1994), S. 96.

を打ち出すことが不可欠である。アレントが自由に思想家を解釈し自らの思想を表現したように、彼女が使う表現を用いれば、真珠採りが海底に埋もれた宝を発見するように、アレントの思想を現代の視点から解釈していく必要がある。したがって、本書は、たんにアレント解釈にとどまらずに、アレントに依拠して独自の視点を打ち出すことを目指している。その際とくに重点を置くのは、新しい政治原理の確立に向けて彼女の思想を発展させていくことである。

　アレントは、一人の思想家に寄り添って自らの思想を形成したわけではない。アレントは、レオ・シュトラウスとは違って、一九二八年にハイデルベルク大学に提出した博士論文『アウグスティヌスの愛の概念』（一九二九年）を除いて、特定の思想家についての研究書は書いていない。アレントは、講義やセミナーでは、カント*25、ヘーゲル*26、マルクス*27ら、思想家をたびたび取り上げたが、著書にまとめるときは、特定の思想家研究としてまとめるのではなく、一般的なテーマに広げて書いている。アレントは、個々の思想家についての研究論文は公刊せず、自分の理論の

レオ・シュトラウス（Leo Strauss, 1899-1973）。

*25 Immanuel Kant, 1724-1804. ドイツの哲学者。認識論から道徳哲学、平和論に至るまで人間中心の近代哲学を構築した。判断力論と道徳哲学は、アレントによって政治哲学として再生した。

*26 Georg Wilhelm Friedrich Hegel, 1770-1831. ドイツ

枠組みのなかに思想解釈を入れ込んでいる。『カント政治哲学の講義』は、『精神の生活』の第三巻に代わるものとして、死後、講義原稿を出版したものであり、アレントの書かれざる判断力論はイマヌエル・カントだけに依拠したとは思えない。アレントが思想家を解釈する場合、自由に解釈し、自分自身の思想を語っている側面がある。アレント自身が思想家として、思想をつくり出すために過去の思想を活用しているのであり、思想研究としての妥当性を問うのではなく、アレント自身の思想的核心を捉えていくことが重要だと思われる。

(5)政治の基本概念を再定義する

政治思想は、政治の基本概念を歴史的・思想的に明らかにすることができる。政治研究において重要なのは、ことばの多義性に注目することだが、なぜ政治の基本的概念が多義的になるかと言えば、①現象を叙述する概念と本来あるべき概念（**分析概念と規範概念**）の違いが生じる、②用語の意味内容が歴史的に変化する（**言語の歴史変化**）、③言語使用者が**独自の意味内容**を込めることができることによる。

の哲学者。精神現象学から歴史哲学、法哲学に至る哲学体系を構築した。

＊27 Karl Heinrich Marx. 1818-1883. ドイツの哲学者、経済学者、革命家。唯物論哲学を基底にして歴史や経済の動態を分析した。

アレントの場合、政治概念や権力概念に二重性が生じているのは、①の理由による。また、アレントは語源的探究や原義にこだわることによって、ことばの失われた意味に光を当てている。アレントにとってことばは「人間の経験の宝庫[*28]」であり、ことばには人びとの経験が凝縮したかたちで含まれているのであり、新語を造るのではなく、アレントが『革命について』(一九六三年)のなかで光を当てた「公的幸福」のように、政治的語彙のなかから忘れ去られた意味を引き出すこともできる。さらには、アレントが、日本語ではともに「自由」と訳されるlibertyとfreedomを、前者を解放(liberation)の結果として得られた諸自由、後者を政治に参加する積極的な意味での自由として使い分けているように、独自の意味づけをすることも可能である。

アレント自身、『革命について』のなかで「新しい経験を伝えるために新しいことばがつくられるか、古いことばにまったく新しい意味が与えられて使われるかは別として、とにかく人間にとって新しい現象がそれぞれ新しいことばを必要とすることは明らかなことである[*29]」と述べて

*28 Margaret Canovan, *The Political Thought of Hannah Arendt* (J M Dent & Sons, 1974), p. 11. マーガレット・カノヴァン/寺島俊穂訳『ハンナ・アレントの政治思想[新装版]』(未來社、一九九五年)二九頁。

*29 *OR*, p. 28. 邦訳、四八頁(訳文一部変更)。

いるように、ことばによって新しい経験を表す必要がある。アレントが概念の区別にこだわっているのは、概念を区別することによって、さらには、概念の二重性を認識することによって、現実とは違った可能性があることを示すことができるからである。

●理論的認識の枠組み

アレントの理論的認識の特徴は、一つには、政治の二面性（両義性）の認識にある。これは、政治にはポジティヴな面とネガティヴな側面があり、政治の基本概念の両義性を認識する複眼的思考に支えられている。つまり、政治概念には、事実を理解するための分析概念と、あるべき理念を指し示す規範概念があり、アレントの場合、政治や権力の概念に二重性が生じるのはそのためである。つまり、同じことばを政治現象を分析するためにも、本来の政治のあり方を示すためにも使っているということである。

もう一つの特徴は、三位一体的思考[*30]（三区分法）にある。これは、『人

*30　三位一体（trinity）とは、キリスト教において、父である神、神の子であるイエス、精霊を一体と見る教えである。アレントはキリスト教徒ではないが、三つの構成要素で全体を認識する思考法をとっている。

間の条件』（一九五八年）で人間の行為形態を「労働」「仕事」「活動」に分け、『精神の生活』（一九七八年）で人間の精神能力を「思考」「意志」「判断力」に分けていたことにも示されるように、三つの側面が合わさって全体を構成するという認識法である。アレントは、さまざまな問題について三区分して体系的認識をしようとしていた。これらに関連した三区分には、独居（solitude：一人でいて、自分自身とともにある状態）、孤独（lonliness：見捨てられた状態）、孤立（isolation：ほかの人たちと隔絶した状態）があり、政治的領域、社会的領域、私的領域がある。創設についても、「宗教、権威、伝統のローマ的三位一体」をその正統な源泉とみなしている。[*31] さらに付け加えれば、アレントは、人間の唯一性は「自然と意志と運命の三者」が相寄って形づくられたものであり、人間社会の無限の多様性の前提となっていると認識している。[*32]

アレントがこのような思考様式を隠しもっていたとしても、問題は、アレントがどのように政治を捉えたかということであり、政治の二面性の認識と三位一体的思考という理論的認識の枠組みをあらかじめ示すと

*31　*BPF*, p. 125. 邦訳、一七〇頁参照。
*32　*EU*, S. 934. 邦訳(3)、二七〇頁参照。

したら、**図1**のようになる。アレントは、事実としての政治認識としては、権力、言語、道具にはポジティヴな面とネガティヴな面があるという概念の両義性を踏まえつつ、矢印の方向が示すように、ポジティヴな政治理念を構築しようとしていたと言えよう。

●文明の転換点に立って

アレントは、一九五〇年代から「新しい政治学」を構築しようという意図をもって研究を進めた。それは、未完に終わるが、一つにはアレントの「新しい政治学」は、政治を支配の現象と見る見方をとらずに、政治、権力、暴力、権威、主権など政治学の基本概念を人間の側から原理的に考察する予定だった。[*33] その一端は「暴力について」のなかに残されており、『人間の条件』、『革命について』、『過去と未来の間』という一九五〇—六〇年代に著された政治的著作もその構想の枠内にある。遺稿は、『政治とは何か』（一九九三年）や『政治の約束』（二〇〇五年）などとして次々に出版され、未完成ながらもその概要を知

図1　理論的認識の枠組み

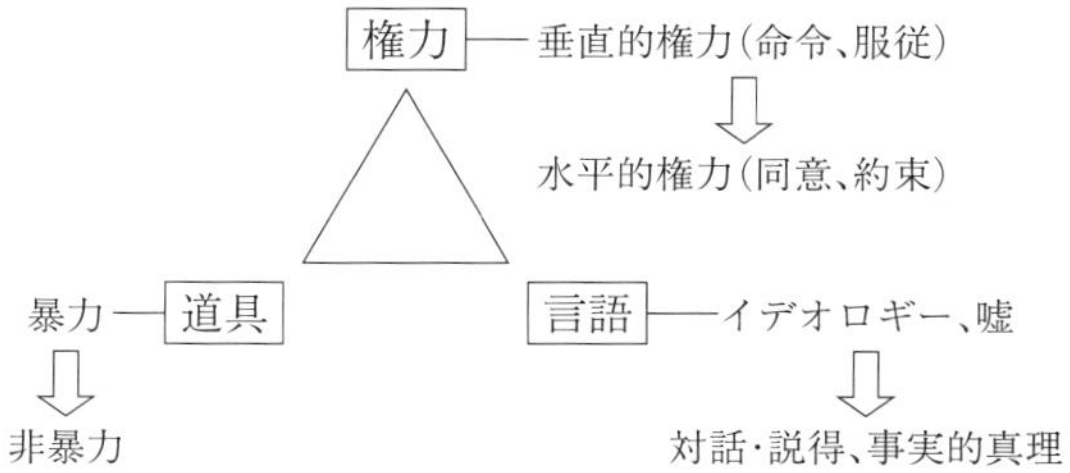

ることができる。アレントが構想していた新しい政治学は、人間の営みとして政治を捉えなおすことを基底に置いていた。

もう一つの意図は、活動と思考、政治と哲学との関係を体系的に捉えなおすことにあり、これは、晩年における道徳問題や精神の生活の考察へとつながっていくことになった。アレントが政治を根底的に捉えなおす必要に迫られたのは、人間の生存自体を否定する状況のなかでも、政治のポジティヴな像を示そうとしたからである。

つまり、アレントは、全体主義や戦争、迫害や亡命というような現実に直面しても、同時代の出来事を理解しようとした。戦後すぐにドイツで出された本に付けた「カール・ヤスパースへの献呈の辞」(一九四七年五月)のなかでアレントは、「そう願っているのですが、どの論文もこの時代に起こった事実やユダヤ人の運命を意識せずに書かれたものはありませんし、どの論文においても私は事実というこの地盤のうえに居座りもしていませんし、これらの事実によってつくり出された世界を必然的で壊せないものとして受け入れてもいません*34」と述べているように、事

*33 Elisabeth Young-Bruehl, *Hannah Arendt: For Love of the World* (Yale University Press, 1982), pp. 325-326. エリザベス・ヤング=ブルーエル/荒川幾男ほか訳『ハンナ・アーレント伝』(晶文社、一九九九年)四三四—四三五頁参照。

*34 Hannah Arendt, "Zuei-

実の重みに屈してしまうのではなく別様な現実もありえたと考えていたからである。

アレントがあるべき政治のモデルを構築したのは、現実は理念によってのみ批判することができ、転換していくことができるからである。国民国家の時代から地球時代へ向かう文明の転換点に立つなかで、よりよき世界を求めていくための転換軸をアレントの思想のなかから導き出していく必要があると考えるからである。もちろん、世界を変えることができるのは、思想家ではなく一人ひとりの人間の創意であり、勇気であろう。公的事柄に携わるのは、すべての人間なのである。政治の概念を転換し、政治を市民の営みにするにはどうすればよいのかという問いを念頭に置いてアレントの主著を読むことは、未来に向けてさまざまな新しい可能性が私たちに開かれていることに気づかせてくれるはずである。

gung zu Karl Jaspers," in: *Sechs Essays*, hrsg. von Dorf Sternberger (L. Schneider, 1948), S. 6–7.

第一章

政治の破壊——全体主義の思想的分析

1　全体主義の時代体験

●アレントの全体主義体験

ハンナ・アレントは、一九〇六年一〇月一四日ドイツ北部の都市ハノーファー近郊のリンデン（現在はハノーファーの一区画）で教養あるユダヤ人家庭の一人娘として生まれ、哲学が「初恋の相手」だったように、若い頃は非政治的な人間であった。アレントにとって決定的だったのは、一九三三年である。なぜなら彼女は、同年二月二七日の国会放火事件[*1]を契機として「もはや傍観しているだけではすまされない」[*2]と考え、執筆活動を止め、ナチスと闘うために実践活動に入ったからである。その過程でアレントがベルリンで行なったことは、二つあった。一つは、アパートの自分の部屋をナチスから逃れてくる人たちのための基地として提供することであった。彼女は共産主義者だったわけではないが、その大半が共産党員である逃亡者の手助けをした。もう一つは、シオニスト[*3]組

*1　Reichstagsbrand. ドイツの国会議事堂が放火され、全焼した事件。ナチス政権は、ドイツ共産党の犯行と断定し、共産党を解散させ、ヒトラー独裁への道を開いた。実際にはナチス幹部が関与した陰謀事件だと言われる。

*2　*Gespräche mit Hannah Arendt*, S. 13.

*3　Zionist. パレスチナにユダヤ人の国家を樹立することを目指すシオニズム（Zionism）の信奉者、運動家。

*4　Gestapo. ナチス・ドイツの秘密警察（Geheime Staatspolizei）の通称。

*5　Heinrich Blücher, 1899–1970. ドイツ共産党の元党員で活動的な人間。アレント二度

織からの依頼を引き受けてプロイセン国立図書館で反ユダヤ主義関係の資料を集めることであった。この仕事のため、彼女はゲシュタポに捕らえられたが、善良な警官がいたため難を逃れ、八日間拘留されただけで釈放された。[*4] アレントはその年の秋、旅券なしでパリに亡命した。

アレントは、一九三三－四〇年までの八年間、パリでシオニスト組織の事務局で、ヨーロッパ全土から逃れてきた亡命ユダヤ人の子弟をパレスチナに移住させるための仕事に従事していた。一九四〇年にドイツ人のハインリヒ・ブリュッヒャー[*5]と結婚し、夫はアレントの後半生における共同思考の同伴者となる。[*6] カール・ヤスパースが、後年、「ソクラテスなしにはプラトンの思想はなかっただろうように、ハインリヒなしにはきみの思想もいまのようにはならなかったのではないかと思うのです」[*7]と書いているように、ブリュッヒャーは、アレントにとってのソクラテスであり、かけがえのない存在になった。

アレントは、一九四〇年五月に、交戦国のドイツから来たという理由で、フランスの南西端、ピレネー・アトランティック県に位置するギュ

目の夫。一九五二年秋からバードカレッジで哲学を教えた。

*6 ドイツのアレント研究者ヴォルフガング・ホイヤーは「アレントの全体主義分析、マルクス主義批判、労働者評議会や自発的活動への強い関心は、ローザ・ルクセンブルクへの共感と同様に、ブリュッヒャーとの熱のこもった討論なしには想像しがたい。悪の凡庸さという概念も彼のアイデアである」と述べている（Wolfgang Heuer, "Hannah Arendt and her Socrates," p. 6, in *Blücher Archive*. http://www.bard.edu/bluecher/listen.php 二〇一九年三月一六日アクセス）。

*7 *AJ*, S. 652. 邦訳(3)、一七六頁（一九六五年一二月一〇日、ヤスパースからアレント宛ての手紙）。

ルスの収容所に入れられたが、運よくそこを逃れ、リスボン経由で一九四一年にアメリカに亡命することができた。一方、収容所に残された人びとの大部分は、一九四二–四三年にアウシュヴィッツの強制収容所に移送され、殺害された。

このような全体主義体験は、アレントの政治思想に色濃く反映している。アレントの政治理論が展開するのはアメリカに渡ってからだが、アレントは、全体主義の時代を生き抜いた思想家であり、政治の徹底的にネガティヴな側面を見抜いたうえで、ポジティヴな思想構築をなした稀有な思想家であった。彼女が政治に向かったのも、自らを政治理論家と称したのも、彼女の生きた時代状況と分かちがたく結びついている。

ハインリヒ・ブリュッヒャー(Heinrich Blücher, 1899–1970)。

●全体主義論のモティーフ

アレントは、全体主義を基本的には先例のない統治形態と理解して、その生成のメカニズムと支配形態を明確化しようとしたのだが、「私は理解したい」(Ich will verstehen.)というように、彼女にとって全体主義とは、それを理解しなくては生きていけない、切迫した問題であった。『全体主義の起源』は、歴史学者が書く歴史叙述とは異なり、全体主義の思想的分析であり、なぜ多くの人びとをシステマティック（組織的）に殺害するようなことが起きたのかということを理解するための必死の試みであった。

　全体主義における政治も政治なのだが、それは人間否定の極限的暴力の政治であり、アレントが理念化した政治とは真逆の政治である。したがって、ここで言う「政治の破壊」とは、「あるべき政治」の破壊であり、政治の極限にある破壊と暴力の政治である。『全体主義の起源』は、アレントがブリュッヒャーに捧げ、「私たちの本」と呼んだ[*8]ように、夫のブリュッヒャーとの共同思考によって生まれた本である。なお、ナチズムとスターリニズムの双方を全体主義と捉えること、全体主義を運動と捉えることは、二人に共通しており、「政治の破壊」とはブリュッヒャーが用いた表現である。[*9] 一九三〇年代からヨーロッパの知識人のあいだでは、ファシズムと共産主義を左右の全体主義とみなす議論は現れて

＊8　*Hannah Arendt: For Love of the World*, p. 268.『ハンナ・アーレント伝』三六四頁。

＊9　アメリカの議会図書館所蔵のアレント・ペーパーズ（*The Papers of Hannah Arendt*）に収められた、ハインリヒ・ブリュッヒャーの論考 "Perpetual Motion. Some Tests of the political structures of Nazism. First part: The destruction of politics", "Nationalsozialismuas und Neonationalismus" など参照。

いたが、アレントの共産主義に関する知識は、かつて共産党員であったが、スターリニズムに批判的な夫のブリュッヒャーの経験に負うところが大きく、一冊の本にまとめる際にスターリニズムも含めることになったのである。[*10]

アレント自身は、全体主義が証明したのは地上に天国はつくれないが、地獄はつくることができるということだと考えた。言い換えれば、天国をつくろうとして地獄をつくってきたのである。とくにアレントの心に測り知れない衝撃を与えたのは、強制収容所の現実である。強制収容所を生み出した点で、ナチズムとスターリニズムは共通しており、特定のカテゴリーに属する人間をあたかも存在しなかったかのように抹消する政治体制がどのように現れたのか、住民全体を支配するシステムを歴史的・思想的に解明する必要に迫られたのである。

アレントは、第二次世界大戦後書いた論文「組織化された罪」（一九四七年）のなかで、被害者までも殺人機構の一員として包摂されていった事実とナチスの高官ハインリヒ・ヒムラー[*11]がヒトラー[*12]の命令に忠実な官

*10 エンツォ・トラヴェルソ／柱本元彦訳『全体主義』（平凡社新書、二〇一〇年）一一一頁参照。

*11 Heinrich Luitpold Himmler, 1900-1945. ドイツの軍人、政治家。ナチスの官僚で、SS（親衛隊）長官を務めた。

*12 Adolf Hitler, 1889-1945.

吏にすぎなかったことを明るみに出している。[*13] とはいえ、なぜ全体主義権力にユダヤ人も含む大部分の人びとが抵抗できなかったのかという問題は、アレントが終生にわたって考え続けるテーマになった。

ドイツの政治家。ナチスの指導者で、一九三三年に首相に任命され、一年程度で独裁体制を築いた。

＊13　VT, S. 40-41. 邦訳、二三一―二三二頁参照。

●政治の陰画としての全体主義

アレントが『全体主義の起源』のなかで理解しようとしたのは、政治の徹底的にネガティヴな側面である。したがってそこで使う政治や権力の概念は分析概念であり、政治学で実際に使われている規定と変わりはない。しかし、彼女は同時に政治本来のあり方に基づいて政治、権力、自由についての概念を提示していることに注意すべきである。その際、アレントは、全体主義が否定したもののなかから政治本来のポジティヴな概念を抽出していくのである。

政治は人間の生殺与奪の権限を握っているのだが、『全体主義の起源』における政治は大量殺害をもたらしただけでなく、人間を内面的にも支配しようとする。アレントは、全体主義の政治を支配や統治ということばで表しており、政治ということばを避けている。彼女が全体主義権力は政治を破壊するものだと認識していることに留意しておく必要がある。アレントは、「ことばをもつ動物」というアリストテレス[*14]に遡って、人間の政治性を暴力の対極に位置づけている。戦争は最大の暴力だとされてきたが、国内で一定の人びとを抹消するシステムとしての全体主義は「反政治」であり、本来の政治は暴力を用いずに共同の問題を解決していく、人間の日常的な営みとして理解されるのである。

権力についても、『全体主義の起源』における権力概念は、アレントののちの著作で展開される水平的な権力概念とは正反対の概念である。全体主義権力は、指導者原理に見られるように、命令‐服従の垂直的な概念であり、「暴力としての権力」[*15]である。一方で、アレントは『全体主義の起源』のなかで、すでに本来の権力とはどういうものかについての理解も示している。アレントによれば、「厳密に考えれば権力というものは一人の人物の所有物ではなく、ほかの人びととの関係においてある以上、人間間にのみ存在するものだからである。たとえある階級全体

*14 Aristotelēs, 前384‐322. 古代ギリシアの哲学者。自然学（物理学）、哲学、倫理学、政治学、生物学など広範な学問体系を構築し、「万学の祖」とみなされる。

*15 *EU*, S. 702. 邦訳(3)、四四頁。

が富んでいるとしても、富というものは実際に個人の問題にすぎないが、権力というものは、たとえ有害なものであっても、常に共同社会を形成する力をもっている」[*16]。アレントは、全体主義権力と正反対に、本来あるべき権力は対等な人間間に発生すると理解している。そして、権力の形成の条件には、「協力して活動する」(acting in concert) 必要があることを示唆している[*17]。

アレントは、『全体主義の起源』を第一部「反ユダヤ主義」、第二部「帝国主義」、第三部「全体主義」という三部構成にしているが、全体主義論のタイトルを付けるとき、相当悩んだと伝えられている。アレントは、「地獄の三本柱」という表題も候補にしていたというが、「地獄の三本柱」というのは、「反ユダヤ主義」、「帝国主義」、「人種主義」であった。人種主義は、全体主義に置き代わったのは、ナチズムだけでなく共産主義も全体主義に含める必要があったからである。『全体主義の起源』のもとになった論文は、第二次世界大戦中と直後、ユダヤ人大量殺害のあとで書かれたものであり、第一部と第二部の大部分は一九四六年

*16 *EU*, S. 31-32. 邦訳(1)、六頁。

*17 *OT*, p. 474.

までに書かれ、一九四七年秋までに計画が変更され、共産主義も含めることになり、第三部は一九四八―四九年に書かれたと見られる。このように、最初はナチズムの主要素を見つけ出し、強制収容所の現出に結晶化していく諸要素を分析しようとしたのだが、スターリニズムをあとから付け加えたのは、「現代の重荷」である全体主義の生成のメカニズムを未完成なかたちででも明らかにする緊急性があったからである。

つまり、反ユダヤ主義に始まる思考を全体主義というかたちでまとめることになったのは、ユダヤ人のような特定の人間集団を余計なものとして抹消する「地上の地獄」である強制収容所を生み出すメカニズムがなぜ生まれたのかという驚きがあったからである。アレントは戦後、公式文書だけでなく、生存者たちの回想、日記、小説なども読み、スターリニズムも強制収容所を生み出した点でナチズムと同じであり、全体主義という概念で一般化していく必要を痛感したのである。アレントが強制収容所に地獄というイメージをもったのは、地上に天国をつくることはできないが地獄をつくることはできることを証明したのが強制収容所

二一歳のハンナ・アレント(一九二七年)。

であり、強制収容所は人間の本性すら変形することのできる実験室であったと理解するからである。

『全体主義の起源』にはこのような一般性があるとともに、細部にわたって豊かな洞察が散りばめられている。「『全体主義の起源』を読むことは、決して見通すことのできないような一九世紀と二〇世紀の巨大壁画――それは、歴史家の巨大な〈ゲルニカ〉と言ってもよい――が展示されている美術館を訪れるようなものである」[*18]と評されるように、『全体主義の起源』は政治的事象を思想的・歴史的に分析できることを証明した大著である。

*18 Elisabeth Young-Bruehl. *Why Arendt Matters* (Yale University Press, 2006), p. 33. E・ヤング＝ブルーエル／矢野久美子訳『なぜアーレントが重要なのか』（みすず書房、二〇〇八年）三六頁。

2　全体主義はなぜ生み出されたのか

●全体主義論の特徴

アレントは、全体主義を基本的には先例のない統治形態と捉え、その特徴を専制政治では残されていた私的生活にも支配を及ぼし、人間を全面的に支配しようという全体支配（totale Herrschaft; total domination）に求めている。人間を内面に至るまで支配し、犠牲者をも殺人機構の共犯者にしてしまうことも、統治形態としての先例のなさの一側面であり、全体主義の全体主義たる所以である。それだけでなく、全体支配の野望は、地球全体の支配（地球支配）にまで及んでいたと理解されている。要するに、全体支配とは、①住民全体を犯罪システムに包摂する、②人間を私的も公的にも支配し、内面までも支配する、③地球全体の支配を目指す、ということを意味している。

アレントの分析は、第二部までは汎スラブ運動[*19]を除いてヨーロッパの先進産業諸国の近現代史のなかに全体主義につながっていく諸要素を辿っているが、そこには全体主義現出の一般的メカニズムを解明しようとする意図が込められている。アレントは、「われわれは過去からいかに多くのことを学ぶことができても、それによって未来を知ることはできないのである[*20]」と述べているように、あくまで同時代の出来事をとおして全体主義の生起のメカニズムを明らかにすることに主眼を置いている。

＊19　スラブ諸民族の統一を目指す汎スラブ主義（Pan-Slavism）の運動。一九世紀後半のロシアの南下政策と結びついていた。

＊20　Hannah Arendt, Preface of *Imperialism: Part Two of The Origins of Totalitarianism* (Mariner Book, 1968), p. x. 邦訳(2)、xv頁（一九六八年発

アレントは、同時代の現象でもナチズムとスターリニズムに全体主義を限定しており、イタリアのファシズムは分析対象から外している。しかし、近代の政治社会の枠組みが続いている限り、全体主義発現の可能性は残ると認識していることが重要である。たとえば、アレントは、『全体主義の起源』第三版の序文（一九六六年）のなかで「中国共産党の全体主義的な特質ははじめから明白だった」と書いているし、また、スターリンの死によって全体主義は「暫定的な終わりを迎えた」にすぎないのであって、これから起こりえないと言っているわけではない。[*21] むしろ、二〇世紀が全体主義という先例のない支配システムを現出させてしまったことを銘記し、その現象を根底的に理解することが重要なのである。アレントが全体主義につながったと見たのは、人種主義、大衆社会、官僚制、帝国主義、汎民族運動、国民国家など近代ヨーロッパ政治社会の諸要素である。

行の分冊版の序文にのみ載っている。訳文一部変更）。

*21 *OT*, pp. xi-xxiv. ハンガリー出身の哲学者アグネス・ヘラーは、アレントの全体主義の概念をポル・ポト政権下のカンボジア、ホメイニ革命下のイラン、文化大革命下の中国にも当てはめている（Agnes Heller, "An Imaginary Preface to the 1984 Edition of Hannah Arendt's 'The Origins of Totalitarianism,'" in: Schürmann, Reiner (ed.), The Public Realm. *Essays on Discursive Types in Political Philosophy* (State University of New York Press, 1989), pp. 253-267）。

●全体主義に結晶化した諸要素

二〇世紀において世界大戦と全体主義という暴力の極限状況が現れたが、全体主義のほうがアレントにとっては切迫した問題であった。彼女が第二次世界大戦後に核戦争の脅威のもとでの世界連邦の構想にも与することがなかったのは、世界政府が巨大な全体主義的警察国家になり、人間の自由を否定する可能性があるからである。

アレントは、全体主義にとって決定的な政治的出来事と全体主義のメカニズムを明らかにすることに主眼を置くのだが、アレントの全体主義論を理解するには、『全体主義の起源』は、まだスターリンが生きており、全体主義が現実的脅威であった時代に、全体主義につながる諸要素は近代世界の枠組みのなかで続いていくという認識のもとでまとめられた本だということに注意すべきである。というのも、全体主義を生み出すメカニズムを明らかにすることによって、全体主義化を阻止・抑制する要因を示唆することができるのではないかと思われるからである。

全体主義は、住民全体を内面まで支配することを目指すのだが、その

スターリン（Iosif Vissarionovich Stalin, 1879–1953）。

役割を果たすのが、全体主義、人種主義、共産主義という全体主義イデオロギーである。イデオロギー[*22]は、自らの思想を普遍化・絶対化し、思想の自由や言論の自由を認めない。アレントが全体主義をロゴクラシー[*23]と呼んでいるように[*24]、イデオロギーの強制力が人びとの内的世界を支配するのである。

イデオロギーの受容器になっているのが、原子化された個人から成る大衆社会である。大衆社会は全体主義イデオロギーの肥沃な大地になったと、アレントは理解している。共同体的な根を断たれ、都市化した近代社会の特徴が大衆社会に現れていることは、当時の社会科学の共通認識であった。アレントは、さらに大衆的人間にはイデオロギーのフィクションを信じ込みやすい心性があるのだと見ている。それは、見たり聞いたりできるリアリティの世界への確信を失い、孤立し、他者との確かなつながりを失った近代人が、見えない現実への幻想によって容易に煽られてしまうからである。もちろん、こういった大衆的資質は誰しもがもっているものだが、日の当たらないところで生きている階級脱落者か

＊22　ideology. 信念体系、観念体系。ドイツ語のIdeologieに由来する。

＊23　logocracy. 論理的強制力による支配。

＊24　Hannah Arendt, Discussion on "Totalitarianism and Ideology," in: Carl J. Friedrich (ed.), *Totalitarianism: proceedings of a conference held at the American Academy of Arts and Sciences, March 1953* (Harvard University Press, 1954), p. 134.

ら成るモッブ[*25]を中心にした大衆運動組織が全体主義の一大要因となるというのがアレントの理解である。

全体主義イデオロギーは、住民の全体支配だけでなく、地球支配を目指すイデオロギーである。全体主義の世界征服の性格と密接に関係しているのが、帝国主義である。帝国主義は、資本が国境を越えて進出し、それとともに軍事力によって植民地を獲得していく「膨張のための膨張」の運動である。帝国主義は資本主義の運動であり、全体主義の目指す世界制覇は帝国主義的膨張なしにはありえない。

イギリスやフランスのように海外に植民地をもつ先進資本主義国とは違って、ドイツのような後発諸国は大陸帝国主義として展開していかざるをえず、自民族中心の発展を目指す汎民族運動は、民族共同体の建設を求めて、征服を正当化する。それだけでなく、汎民族運動は、自民族の成員のあいだの差異を否定し、「画一的、全体主義的〈集団性〉が準備され、そこでは個人は実際に自分を一つの種の標本としか感じなくなるのである」[*26]。全体主義運動の世界制覇の願望に合致する汎民族運動は、

＊25　mob. 暴徒。指導者が存在せず、無秩序に集まった群衆。

＊26　*EU*, S. 497. 邦訳(2)、二〇八頁。

人類の理念、人間の尊厳を否定し、あらゆる多様性をもった人間を人種主義的に一元化しようとする。アレントが、ナチズムを人種主義的帝国主義と捉えた理由もそこにある。

アレントは、官僚制を無人支配、あるいは匿名性の支配と捉え、「官僚制もしくは行政による支配の技術的特徴は、合法性、つまり普遍妥当性をもつ法律の永続性が放棄され、その代わりにそのとき限りの適用を目的として次々に乱発される政令が登場するという点にある[*27]」と認識するが、『全体主義の起源』のなかでは帝国主義下の官僚制を分析対象とし、「政令の支配」にその特徴を求めている。官僚制は、法に拘束されている限りは正常に機能するが、政令が法律より優位に立ち、法に拘束されない秘密の力に従うようになると、行政的な大量殺害を生み出す機構に転換するのである。これは、近代の政治社会に内在する危険性であり、専門化され官僚制化された技術の発達が統治形態としての全体主義の基盤になりうるのであり、この点で過去の専制政治とは違っており、技術的合理性を恣意的に活用することの危険性は現在にも続く問題であ

＊27　*EU, S.* 459. 邦訳(2)、一七二頁（訳文一部変更）。

フランスへの亡命前後のハンナ・アレント（一九三三年）。

る。

アレントの国民国家に対する見方はアンビヴァレントである。「ネイションは領土、民族《フォルク》、国家を歴史的に共有することに基づく以上、帝国を建設することはできない」[*28]というように、帝国主義に対する防波堤になりうるが、民族が混成しているところで国民国家が形成されると、どうしても国家民族が少数民族を同化（抑圧）するか排除（追放）するかしかないという矛盾を露呈することになる。国民国家の枠組みは、国家民族（支配民族）による少数民族の同化（抑圧）か排除（追放）が不可避だという矛盾を内包している。政治的共同体が民族を軸に形成されている限り、排他主義・排外主義を生み出す基盤になる。アレントは、普遍的な人権、生まれながらの人権などないことを、難民として無国籍者となった人びとの置かれた状況が証明していると言う。したがって、人権のうち最も重要なのは「諸権利をもつ権利」（the right to have rights）であり、政治的共同体に属さない限り、人権は保障されないというように、アレントは、国家が民族を軸に構成されることは問題視するが、政治的共同

＊28　*EU*, S. 289. 邦訳(2)、九一頁（訳文一部変更）。

体の必要は認識している。

アレントは、歴史的な意味連関に注目し、たとえば、イデオロギーと大衆社会、官僚制と行政的大量殺害、イデオロギーとテロル[*29]、大陸帝国主義と汎ゲルマン運動[*30]というように、諸要素のあいだに密接な連関があることにも注目している。しかし、アレントは、因果論的分析をしているのではなく、ヨーロッパの近代政治社会の構成要素のなかから全体主義的な諸要素を抽出しているのである。全体主義は、起こってはならないことが起こってしまったのだ[*31]とするなら、そのメカニズムを解明し、対抗軸を構築していくことが政治理論の重要な仕事になるのである。

●全体主義化を阻む諸要素

アレントが認識したように、大衆運動がイデオロギーで理論武装し、プロパガンダと生きた組織が大衆を煽り、無関心だった民衆を自分たちの支持者・共感者に変えていくとき全体主義的政党が政権をとりやすくなる。人びとは理性的判断よりは情念に動かされやすくなり、不安を煽

＊29　terror. 恐怖支配、恐怖政治。フランス革命の際にロベスピエールが反対派を次々に断頭台で処刑した恐怖政治(Terreur)に由来する。日本語では、テロ(テロ行為)とテロル(恐怖支配)に分化している。
＊30　ドイツ民族による世界制覇を目指す汎ゲルマン主義(Pan-Germanism)の運動。
＊31　*EU*, S. 947. 邦訳(3)、二八六頁参照。

られると、イデオロギーのフィクションに身を委ねてしまいがちだからである。

とはいえ、アレントは、全体主義の出現に絶望していたわけではない。というのも、アレントは、さまざまな要素が組み合わさって全体主義が生み出されたのだと見る一方で、健全な政治社会には、全体主義化を抑制・阻止する要素もあるのだと考えていたからである。アレントは、市民社会の成熟、立憲体制、良心的抵抗が全体主義を抑制・阻止する要素になりうると考えていたのであり、全体主義を近代社会の必然的帰結と見ていたわけではない。アレントの叙述のなかからは、次のような要件に注目する必要がある。

① 市民社会――全体主義運動は、人口規模の大きい国で、また当時の国際環境のなかで急速な経済発展を強いられた後発的な資本主義国で起こった現象であり、イギリスやオランダのように市民社会が順調に発展した国では起こりづらいと認識されている。[*32]

② 立憲体制――官僚制を「政令による支配」とみなしているが、一

*32 *EU*. S. 349. 邦訳(2)、六四―六五頁参照。

*33 Affaire Dreyfus. 反ユダ

方で、官僚制は、法に拘束されている限りは正常に機能するとも認識しているので、西洋世界が築いてきた「法の支配」が全体主義化を抑制できると認識していたのである。

③　良心的抵抗――『全体主義の起源』の第一巻「反ユダヤ主義」でドレフュス事件[*33]の際に、参謀本部にありながらドレフュスの無罪を主張し、社会的な地位や名誉を剥奪されても動じなかったピカール[*34]の行為に称賛を惜しまないように、一人ひとりの良心的抵抗でも全体主義化を押しとどめる力になりうるのである。アレントは、ナチス時代においてフランス人が反ユダヤ主義に染まらなかったのは、「ユダヤ人の絶滅がこの時代の困難に対する万能薬であるなどという意見など絶対に受けつけようとしなかった」フランス人の良識によるものであり、歴史的に培ってきた市民文化が全体主義化に対する決定的な阻止力になりうることを示唆している[*35]。

もっとも、これらは現代社会にも当てはまる議論であり、アレントの議論が古くならないのはそのためである。全体主義につながる諸要素と

ヤ主義による冤罪事件。一八九四年のフランスで、ユダヤ人のドレフュス大尉がスパイの嫌疑をかけられ、軍法会議で有罪（無期流刑）とされたが、この判決にはユダヤ人に対する差別・偏見があるとして再審を求める人びとと、判決を支持する人びとが対立し、一〇年以上にわたってフランスを喧噪の渦に巻き込んだ。

*34　Marie-Georges Picquart, 1854-1914. フランスの将軍。情報局長のときにドレフュスの無罪を確信し、ドレフュスを擁護した。

*35　*EU*, S. 129. 邦訳(1)、一一二―一一三参照。

全体主義化を抑制する諸要素を見極めることによって、全体主義に陥らないようにする、市民文化や市民的抵抗の思想的基盤を確保していくことができるのである。つまり、近代社会が全体主義化の危険を内在化しているとしたら、それを阻止・抑制したりする要素も存在しているということである。つまり、全体主義に結晶化していった諸要素を明らかにすることの意味は、全体主義化を阻止する条件の考察を促しているのである。

●全体主義権力の構造

『全体主義の起源』のなかでは、権力は、上から下に指令を下ろし、命令を遂行させていく力であり、垂直的に理解されている。アレントは、全体主義の一つの特徴としては「指導者原理」(Führerprinzip)をあげている。全体主義体制において権力の源泉は指導者の意志、すなわち独裁者の意志にある。指導者を取り巻く部下たちは、指導者によって命令されたことを実行するだけである。

図2　全体主義権力の構造

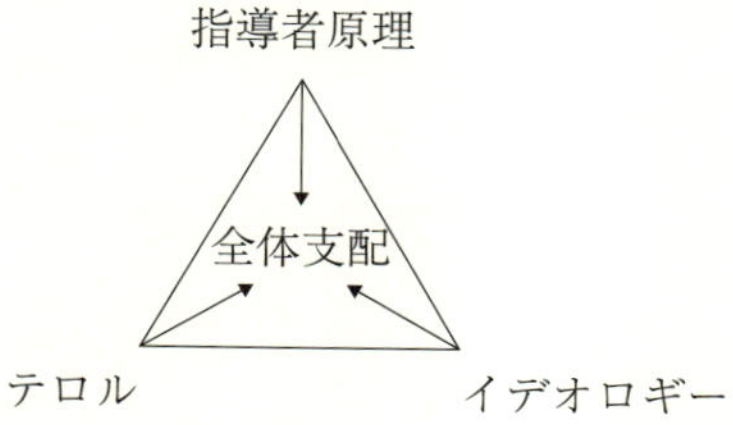

『全体主義の起源』のなかの権力概念は、通常の権力概念の延長線上にあり、そこでの権力概念は現象のレベルで捉えられたものである。指導者原理の特徴は、一人の人間の意志による支配にある。それは、指導層を中心に階層的に形成された、全体主義運動の特徴に由来している。指導者が自分自身の誤りを正そうとする場合、彼は命令を実行した者を粛清（抹殺）する必要がある。アレントは、「指導者は彼らが彼の名前で常に行動するので、部下の批判を許すことはできない。彼が、自分の誤りを他人のせいにしたい場合、彼らを殺さねばならない」[*36]と述べている。アレントは、全体主義指導者がすべてのことに全面的な責任を引き受ける「全体責任」（total responsibility）をこのように性格づけている。

とはいえ、アレントが「命令者の権力は、彼がそのなかに組み込まれている命令系統のヒエラルヒーに依存している」[*37]と理解するとともに、政治体制の権力が国民の支持に依存していると認識している点に、注意すべきである。ヒエラルヒー構造に関して言えば、権力は命令と服従の関係として捉えられ、イデオロギーとテロルは、指導者の権力を強化す

*36 *OT*, p. 375.

*37 *EU*, S. 767. 邦訳(3)、一〇八頁。

るための手段として用いられたのである。

●全体主義イデオロギーの性格

アレントは、全体主義の本質をイデオロギーとテロルに求めるが、イデオロギーは、現体制が目指す社会に向かっていることを国民に信じ込ませようとするのに対し、テロルは、人間の複数性を破壊し、恐怖によって人びとを「巨大な一者」にまとめ上げる機能を果たす。アレントは、全体主義権力でさえも、被治者の支持なしには成り立ちえないことを強調している。つまり、プロパガンダによってイデオロギーの真正性を信じ込ませ、恐怖によって人びとのあいだの関係を猜疑心に満ちたものに変え、服従を確保しているのである。

全体主義体制において、人種主義や共産主義という全体主義イデオロギーが人間の内面にまで深く入り込んでいる。全体主義体制においては、政治は特定のイデオロギーを実現するための手段と化すのである。アレントは、イデオロギーを一つの公理的前提から導き出される体系的知識

アドルフ・ヒトラー（Adolf Hitler, 1889-1945）。

と理解している。しかも、全体主義イデオロギーは、世界のすべての現象を説明できるだけでなく、歴史をも全面的に説明でき、未来の方向性を確定することができるという点に特徴がある。イデオロギーは、首尾一貫した論理の体系であり、「それぞれの観念に固有の論理のゆえに、歴史の全過程——過去の神秘、現在の錯綜、未来の不確定性——を知っているふりをする」[*38]が、それは実際には嘘を現実にすることによって実現する、全体主義における嘘の機能をアレントは強調している。

そもそも人間は未来を知ることもできないし、過去のすべてを知ることもできないが、全体主義運動は、外部に向けてのプロパガンダと「生きた組織」の力によってイデオロギーの虚構の世界を実現していくのである。あらゆるイデオロギー的・科学的大衆プロパガンダが本来デマゴギー[*39]的な側面をもつことは明らかであって、全体主義運動によって発明されたわけではないが、技術的に改良を加えられたと言えるのであり、「内容がいかに荒唐無稽であろうと、その主張が原則的にかつ一貫して現在および過去の拘束から切り離されて論証され、その正しさを証明し

*38 *OT*, p. 469.

*39 Demagogie. 虚偽情報。民衆を操作、扇動するために流す嘘の情報。デマはデマゴギーの略語。

うるのは、不確定な未来だけだとされるようになると、当然、そのプロパガンダはきわめて強大な力を発揮するのである」。[*40]

全体主義の嘘が単なる虚偽宣伝と違うのは、嘘を現実に変えていく力学をもっていたことにある。ヒトラーがユダヤ人を死滅しつつある民族と予言し、実際に絶滅しようとしたこと、スターリンが富農層《クラーク》[*41]を死滅しつつある階級と予言し、実際に死滅させたように、暴力によって現実の世界を変えていくことによって、フィクションは現実になるということを全体主義指導者はよく知っていたのである。たとえば、社会主義には失業はないという言明は、失業給付をなくして嘘を現実にしたのである。失業者はいなくなり、いるのは物乞いと非社会的分子であり、「働かざる者は食うべからず」という古くからの社会主義の原則が実現されるのである。[*42]

また、地下鉄はモスクワにしかないという嘘についても、パリに行って地下鉄を見た人がいても全体主義指導者はビクともしないのは、全体主義が地球支配を目指していて、パリの地下鉄を破壊すれば、嘘が真実

*40 *EU, S. 735.* 邦訳(3)、七七頁（訳文一部変更）。

*41 富裕な農民、農村ブルジョワジー。一九二九年以降の集団農場（コルホーズ）化によって消滅させられた。

*42 *EU, S. 727.* 邦訳(3)、七〇頁参照。全体主義の嘘は、論文「政治における嘘」（一九七一年）で取り上げられた、民主体制のもとで政府がイメージ操作のためにつく嘘とは違う。

になるからである。全体主義の指導者や幹部は虚構に気づいていたが、歴史のテロス（目的）に向かって進んでいるのだと信じ込むことによって、このからくりを覆い隠すのである。

●テロルと全体支配

アレントは、テロルに全体支配の本質が現れており、強制収容所にテロルが純化されたかたちで現れていると認識している。つまり、全体主義のテロルの中心点には強制収容所があり、全体主義の諸要素が結晶化して強制収容所を生み出したというのが、アレントの全体主義論の核心である。

テロルの手先となるのは、ナチスの場合、秘密警察・SA（突撃隊）・SS（親衛隊）である。[*43] アレントによれば、全体支配の「本当の恐ろしさが始まるのは、完全に服従した住民をテロルが支配するときである[*44]」。アレントは、強制収容所は人間本性を変形し、人間をつくり変えるための実験室だと認識している。強制収容所は全体主義の「強制労働キャン

*43 秘密警察は国家体制維持のため反国家活動を取り締まる秘密保安機構。ナチス・ドイツのゲシュタポ、ソ連のGPU（ゲーペーウー）がそれに当たる。SA（Sturmabteilungの略）は、ナチス突撃隊。党と党員を防衛する目的でつくられた準軍事的組織。SS（Schutzstaffelの略）はナチス（国家社会主義ドイツ労働者党）親衛隊。ヒトラーの身辺警護組織として始まりヒトラー直属の軍事組織として拡大していった。

*44 *EU*. S. 731. 邦訳(3)、七三頁（訳文一部変更）。

プ」と呼ばれたとしても、それは美化するためにそう言ったのであって、経済的合理性に適うものではなかった。むしろ反功利性によって特徴づけられており、特定のカテゴリーに属する人びとが余計な者であることを誇示するための施設であり、最終的には抹消すること目論んでいた。

全体主義のテロルは、法的人格の抹消→道徳的人格の破壊→強制収容所における個性の破壊、という順で進む。法的人格の抹消は、ある種の人びとを法的保護下から除外し、強制収容所を通常の刑事手続きの枠外に置くことによってなされる。被収容者たちは通常の行為能力も法的行為能力も失う。最終的には、全住民の市民権の破壊、自国にいながら無国籍者や故郷喪失者のような状態に置くことを目指す。

道徳的人格の破壊は、死の絶対的孤独、痕跡も残さないような存在の抹消により、抵抗の意味を無意味にしてしまう。かつての殉教だったら、記録を残すことができたが、証人や証言もあたかも存在しなかったかのように抹殺され、忘却のなかに葬り去られてしまうのである。「殺人の官吏として生きるよりも犠牲者として死ぬほうがましだと語る良心」に

一九三六年ベルリン・オリンピック会場でのナチス式敬礼。この姿勢で「ハイル・ヒトラー（ヒトラー万歳）」と言って忠誠を示した。

対しても「友を裏切り、死に至らしめるか、妻や子を死に追いやるかという二者択一」に直面させ、自殺でさえも、家族の死につながるというディレンマ的状況（殺人と殺人とのあいだの選択）に置くことによって消し去る[*45]。

最後に残った個性の破壊は、強制収容所への移送の際の家畜並みの扱い、強制収容所内での拷問や画一支配によってなされる。人間の本性も変形できることを証明したのが、強制収容所の現実である。こうして、「パブロフの実験の犬のように振る舞い、たとえ死にに行くときでも反作用し、反作用以外の何もしない、人間の顔をした死人のような操り人形[*46]」が現出する。アレントが「地上の地獄」と形容したのは、このような強制収容所の現実にほかならない。

全体支配の特徴の一つは、死刑執行人と犠牲者の境をなくし、犠牲者も組織化された犯罪のなかに組み入れていく点にある。強制収容所は、被収容者である犯罪者、政治犯、ユダヤ人に収容所の運営を大幅に委ね、犠牲者を全体主義体制の犯罪に巻き込んでいった事実を指摘している

*45 *OT*, p. 452参照。

*46 *OT*, p. 455.

──「重要なのは、憎悪が本当に罪のある者に向けられなくなってしまうこと（当然のこととしてカポ[*47]がSSよりも憎まれていた）では決してなく、迫害者と被迫害者、殺人者と犠牲者の境界線がなくなっているということである[*48]」。アレントが全体支配と呼ぶのは、こうしたメカニズムであり、複数の人間を一者化していく巨大な犯罪のシステムなのである。

3　全体主義論を基点として

●全体主義論における自由概念

アレントは、自由を内面の自由でなく、公的自由として捉えているが、すでに『全体主義の起源』のなかに彼女の自由概念が萌芽的なかたちで示されている。つまり、アレントの言う自由とは、人びとのあいだを動き回ることができるということを意味し、全体主義が抹消したのは、自由に動き回り、語り、行為するための空間である。しかし、全体主義支配といえども、**「人間の心から自由への愛を消し去ることに成功しても**

*47　Kapo. 強制収容所内の労働監督。ユダヤ人も含む被収容者のなかから任命された。

*48　*EU*, S. 931.

*49　*OT*, p. 466.

いない」[49]と言う。そして、人間の自由への本源的感覚は、一人ひとりが「新しい始まり」であり、誰しも新しいことを行なう可能性を具えていることに由来する。

したがって、テロルが取り除こうとしたのは、民衆が新しいことを始める可能性である。「自然もしくは歴史の運動の従順な僕《しもべ》としてのテロルは、その運動の過程から、何か特定の意味だけでなく、人間の誕生という事実そのものとともに与えられ、新しい始まりを生み出すという能力そのもののうちにある自由の源泉をも取り除かねばならない。人間の複数性を消滅させ、それ自身が歴史または自然の歩みの一部であるかのように確実に働く〈一者〉をつくり上げるテロルの鉄の箍《たが》とは、歴史と自然を解き放つだけではなく、そのままでは決して到達しえなかったような速度にまでその力を加速させる装置だったのである」[50]。この引用文中にある「複数性」(plurality)こそ、政治の基本条件としてアレントが考えていたものであり、全体主義論のなかにすでに彼女が独自の意味づけをする政治概念が示されているのである。つまり、全体主義が否定し

*50 *OT*, p. 466.

た複数性、対等性、始める能力、公的自由、公的空間にこそ、本来の政治があるということが暗示されている。

●人間の本性を可変なものと捉える

アレントは、強制収容所の実験が示したのは、人間性が変形できるということだと認識した。この点で重要なのは、『全体主義の起源』に対する書評に応答して書いた論文「エリック・フェーゲリンへの返答」のなかの結びの部分で、シャルル・ド・モンテスキュー[*51]の『法の精神』のなかのことばを読み替えていることである。

モンテスキューは「人間という柔軟な存在は、社会にあっては、他人の思想や印象に順応するもので、自分自身の本性を示されると、それを知る可能性もあるが、**それが隠されると、それについての感覚までも失う可能性もある**（L'homme, cet être flexible, se pliant dans la société aux pensées et aux impressions des autres, est également capable de connaître sa propre nature lorsqu'on la lui montre, et **d'en perdre jusqu'au sentiment**

＊51　Charles-Louis de Montesquieu, 1689-1755. フランスの政治思想家。『法の精神』（一七四八年）で権力分立の原理を確立した。

＊52　モンテスキュー／野田良

lorsqu'on la lui dérobe.)[*52]」と書いているのだが、アレントは「人間というこの柔軟な存在は、社会にあっては他人の思想や印象に順応するものだが、自分自身の本性を示されると、それを知ることができるが、**それが奪われたことがわからなくなるぐらいまで失うこともありうる**（Man, this flexible being, who submits himself in society to the thoughts and impressions of his fellow men, is equally capable of knowing his own nature when it is shown to him and **of losing it to the point where he has no realization that he is robbed of it.**）[*53]」と言い換えている。これは、もちろん強制収容所における人間の改変をもとにしているが、全体主義自体が人間性を変形する巨大な実験室だったのである。アレントは、人間の可変性の認識から、近代の政治哲学のように人間本性の規定を求めるのではない政治理論の構築に向かうのである。

●全体主義を反転させる

アレントの政治の基本概念には現象として政治を理解するための概念

之ほか訳『法の精神』（岩波文庫（上）、一九八九年）三六頁。

＊53 Hannah Arendt, "Understanding and Politics," in *Essays in Understanding: 1930-1954*, edited by Jerome Kohn (Harcourt, Brace & Co., 1994), p. 408. ただし、邦訳では、アレントの読み替えについては注記していない（ジェローム・コーン編／齋藤純一・山田正行・矢野久美子訳『アーレント政治思想集成2　理解と政治』（みすず書房、二〇〇二年）二五二頁参照）。

と本来の政治のあり方を示すための概念という二面性があるということに留意しなければならないのは、アレントが全体主義を体験し、政治の否定的な面を見たが、そこに政治の本質があるとは考えず、全体主義の政治を反転させて、政治のポジティヴな面を明らかにしたからである。政治や権力の概念がそうであり、支配↓無支配、垂直的権力↓水平的権力というように、基本概念の意味を反転させていくことになるのである。

アレントの卓越したところは、人と人とが憎しみ合い、殺し合うことを当然のこととした全体主義の時代を生き抜き、ユダヤ人として苦難を味わったにもかかわらず、全体主義が否定したもののなかに政治のポジティヴな面（複数性、公的空間、公的自由）を見いだし、全体主義の支配下でも良心をもって誠実に生きた人間がいたことを見逃さなかった点にある。アレントの理論的な営みが始まるのは、政治の意味をふつうの人間のレベルで考え抜くことからであった。

第二章

政治の再生——世界への愛

Arendt

1 新しい政治学の構築へ

●実践活動から政治理論へ

アレントは、一九四一年にアメリカに渡ってからもしばらくはユダヤ民族の置かれた政治状況、文化状況に関わり続けた。ユダヤ政治に関してもコラムニストとして、ユダヤ系住民向けのドイツ語新聞『アウフバウ』[*1]において「ユダヤ軍創設」の訴えかけを行なっているように、ナチスと闘う姿勢を崩さなかった。しかし、一九四二年にビルトモア会議に出席して、ベン・グリオン[*2]のユダヤ人国家建設の呼びかけを聴いて、それに応じる気にならなかったのは、ユダヤ人が少数民族として迫害された国民国家の枠組みでのパレスチナ国家建設だったからである。少数民族の問題は、国民国家の枠組みでは解決できず、ヨーロッパの国家連合に期待するとともに、パレスチナでの国家建設は、以前から住んでいたアラブ民族との協力関係の樹立を基底に置くべきだと考え、ユダヤ民族

＊1 *Aufbau.* 一九三四年にニューヨークで創刊された、亡命ユダヤ人のドイツ語新聞。アレントは、コラムニストとしてユダヤ政治について論陣を張った。

＊2 David Ben-Gurion, 1886-1973. シオニスト、イスラエルの政治家。一九四二年五月にニューヨークのビルトモアホテルで行なわれた世界シオニスト機構の会議（ビルトモア会議）でパレスチナをユダヤ人国家と

とアラブ民族の二民族国家建設を訴えていった。

　しかし、アレントは、一九四六年一一月にヤスパースに宛てて「私はどっちみちもうユダヤ政治から足を洗いました。組織やシオニズム運動といった公的世界の内部には、少なくともいまの時点では私にできる意味ある仕事はもうないと思うのです」[*3]と書いているように、次第にユダヤ政治から離れていった。第二次世界大戦終結後、ユダヤ人国家建設が現実のものとなり、国際連合でパレスチナ問題が論じられるようになると、アレントはユダ・マグネス[*4]に協力してパレスチナ分割に反対し、二民族国家建設のための働きかけを国連事務局のパレスチナ問題担当者に行なっている。その後も、一九四七年一一月二九日の国連総会でパレスチナ分割案が決定され、その後の中東戦争においても両民族間の協力関係の樹立を訴えている。しかし、これは独立した個人としての活動であり、アレントは注視者、執筆家としてユダヤ政治に関わることはあっても、組織活動や実践活動として関わることはなくなった。

　こうして、アレントは、一九四〇年代に著述家として生きることを自

して独立させる宣言を主導した。一九四八年のイスラエル建国に尽力し、初代の首相になった。

＊3　AJ, S. 102.　邦訳(1)、七五頁。

＊4　Judah L. Magnes, 1877–1948. アメリカ生まれのシオニスト。パレスチナでアラブ、ユダヤの両民族が平和的に共存する二民族国家建設を目指した。ヘブライ大学初代総長。

らのライフワークとする決意をしたのである。『全体主義の起源』出版後、ボルシェヴィズム[*5]のイデオロギー的背景についての不足を補うために一九五二年度のグッゲンハイム[*6]の特別研究員に「マルクス主義の全体主義的諸要素」というテーマで応募している。もちろん、『全体主義の起源』の欠落部分を補うことが主たる目的ではあったが、マルクス主義研究に専念したわけではなかった。というのも、『全体主義の起源』執筆後、プラトンをはじめ西洋政治哲学に関する広範な読書をしていたからである。確かに一九五二年前後にマルクスを集中的に読んだ時期もあったが、この研究に取り組んで一年も経たずに計画の狭隘さに気づき、プラトンに始まる政治哲学の伝統の批判的考察に関心を移していった。[*7]

アレントは、このように研究の方向を転換するのだが、『全体主義の起源』や『思索日記』では、ヘーゲル‐マルクスの歴史哲学のなかに潜む全体主義的要素への言及もなされている。また、アレントが『全体主義の起源』のドイツ語版のなかで「鉋《かんな》をかけると、木屑が落ちる」(Wo gehobelt wird, fallen Späne) というドイツの格言を引くのは、そこに「ど

*5 bolshevism. ボルシェヴィキ(ロシア社会民主党左派)の思想。マルクス主義をロシアに適応させて、権力集中型の前衛党の指導のもとにプロレタリアート独裁を目指した。

*6 グッゲンハイム財団(Guggenheim Foundation. 一九三七年設立の研究助成財団)。アレントは、一九五二―一九五三年の特別研究員になった。

*7 *Hannah Arendt: For Love of the World*, p. 277.『ハンナ・アーレント伝』三七五頁参照。

んなことでも正当化できる」というテロリズムの精神が現れているからである。というのも、歴史は木屑が落ちるところにしか認められず、事件の大きさは犠牲者の数によって判断され、逆説的に言えば、「心理的にはこの精神は、テロルによって生ずる条件下の生活を受け容れるのに最も適した、いや、唯一可能な心構え」となり、「行動においては手段は目的を設定し、ねじまげる、つまり善い目的のための悪い行ないは悪を生む、悪い目的のための善い行ないは善を生む」ことになるのである。*8これと似たことばに「卵を割らないとオムレツはできない」(You can't make an omelette without breaking eggs.) がある。*9 これは何らかの事業を成し遂げるには多少の犠牲も覚悟しないとならないという意味だが、アレントは、革命的暴力を正当化することばとして理解し、いったん暴力を正当化すると、暴力の奔流のようなとめどない流出を許してしまうことになると解釈するのである。

このように、アレントのカール・マルクスに対する最大の批判は、「歴史による政治の代用」、すなわち政治の手段化に向けられている。す

*8　*EU*, S. 955-957. 邦訳(3)、二九五−二九七頁参照。

*9　フランス語の格言 "On ne fait pas d'omelette sans casser des œufs." に由来する。ロベスピエールがテロル(恐怖政治)を正当化するために使ったと伝えられている。

ロベスピエール (Maximilien François Marie Isidore de Robespierre, 1758-1794)。

なわち、アレントは、政治を無階級社会、共産主義社会をつくるための手段とみなすことを批判したのである。また、批判はそのようなフィクションにそって行動することを要請する歴史哲学にも向けられていた。しかし、政治を仕事（制作）のイメージで見ることは何もマルクスだけではなく、プラトンに始まる政治哲学の伝統であるので、政治哲学の伝統そのものを批判しなければならなくなったのである。

カール・マルクス（Karl Marx, 1818-1883）。

●政治的事象そのものへ

アレントは、マルクスが本来の政治的領域（複数性の領域）を排除していることも批判する。一九五四年一月に『思索日記』のなかに「トクヴィルとマルクス。トクヴィルはフランスで生活したが、近代の政治的関係しか見ていない。マルクスはドイツとイギリスで生活したが、経済的関係しか見ていない。トクヴィルにとってはフランス革命が重要であり、マルクスにとっては産業革命が決定的なものである。両革命は相互に関連しているが、そのことはトクヴィルもマルクスも知っている。しかし、新しい〈政治学（scientia politica）〉を求めたのはトクヴィルだけで、マルクスは歴史の概念はもっていたが、新しい政治学は求めなかった[*10]」と書いているように――トクヴィルの「新しい政治学」への要求から影響を受け、エリック・フェーゲリンの『新しい政治学』（*The New Science of Politics*, 1952）と対決することによって――自ら「新しい政治学」のために力を注ぐことになったと見られる[*11]。

アレントは、一九五〇年代に、モンテスキュー、トクヴィル、カントの政治思想の重要性に気づき、政治的事象を考察し、その本質的要件を書き留めた政治的著述家の思想内容に注目している。というのも、プラトンに始まる大思想家の政治哲学は正しい秩序の探究だったが、モンテスキュー、トクヴィルら政治的著述家はありのままの政治を省察しているからである。アレントも出来事を物語ることによって政治の本質に迫ろうとしたのである。

こうしてアレントは、「新しい政治学」の構築に向かうのだが、その際複数性、対等性、非暴力というような「新しい政治原理」の必要を力

＊10　*DT*, S. 465. 邦訳(Ⅱ)、二〇頁。

＊11　*DT*, S. 998. 邦訳(Ⅰ)、三八一頁（編者注）参照。トクヴィルの「新しい世界には新しい政治学が必要である」（『アメリカのデモクラシー』第一巻序文）の引用から始まる節。

エリック・フェーゲリン（Eric Voegelin, 1921-2002）。

説していた。独自の政治理論を構築しようとしたアレントにとって最重要だったのは、人間の複数性という理解である。アレントは、モンテスキューの偉大さを政体の原理を発見したことに求めたように、自らも政治の原理を措定しようとした。アレントは、「政治学者の実験ノート」（一九五三年一月）と題する覚え書に「政治学を確立するためには、まず人間に関するすべての哲学的陳述を、地球に住んでいるのは単数の人間でなく複数の人間であるという考えのもとに、考えなおす必要がある」[*12]と書いているように、これまでの**政治哲学の伝統（人民や国民への人びとの一元化、誰が支配すべきなのかを構想する、暴力によって社会を組み替える）**を反転させ、複数性、対等性、非暴力を重視する「新しい政治学」の構築に向かうのである。

*12 *DT. S.* 295. 邦訳(I)、三七九頁。

2　複数性を基底にして

●活動としての政治

アレントの『人間の条件』(一九五八年)は、彼女の政治理論が最も体系的に示された著書である。アレントの人間論のなかで最も重要なのは、政治が人間は複数の人びとのなかで生き、互いに異なっているが相互に理解可能だという複数性(plurality)の概念である。政治とは、複数性の領域における人間の公的な営みである。全体主義権力は、一人の意志によって動かされるという点で、複数性とは反対の性格を具えていたが、本来あるべき政治は、政治的共同体を一者化せず、あらゆる多様性をもつ個人個人の相互行為として展開していくのである。

『人間の条件』のなかでアレントは、政治を活動として理解しているのだが、彼女の「活動」概念は、ほかの行為形態である「労働」と「仕事」との対比のなかで明らかにされる。つまり、彼女は、そのなかで

The Human Condition (University of Chicago Press, 1958) の表紙。

「われわれが行なっていること」を、「労働」(labor)・「仕事」(work)・「活動」(action)に三区分している。それによれば、労働は、生命を維持していくための営みであり、消費するものの生産であり、あとに残らないという意味で虚しさが付きまとっている。また、「労苦」ということばに示されるように、苦しい、単調な作業である。仕事は、耐久性のあるものの制作であり、孤独な作業だが、完成したときに充実した喜びを味わうことができる。活動は、常にことばを伴い、他者と協力して行なう営みであり、その過程において行為者は自己のユニークさを示し、卓越への欲求を充足させることができる。

アレントが活動と仕事を労働より高く位置づけているのは、世界性の有無による。「世界」という概念は、彼女の思想の鍵概念《キー・コンセプト》であるが、それは、彼女が、有限な人間が自分の生命を超えるものを地上に残したり、他者と喜びを共有したりすることができることに価値を置くからである。この世界で限られた生を送る人間は、不死なるものを希求し、多くの場合、子どもを産み育てることによって充足するのだが、仕事によって不朽の作品をつくったり、活動によって人びとの記憶に残り、記録され、物語られたりすることによって世界をつくることもできるのである。

活動の場合、仕事の助けを借りて、記録や歴史や物語として残され、人間の生命を超えることができる。人びととともに構成する人間世界があるから出来事が起こるのであり、人間の生命を超えるものの象徴として世界が理解されているからでもある。つまり、労働は、消費を目的とするものを生産する営みであり、人間が生命維持のためにせざるをえない営みであるのに対し、仕事は「物の世界」をつくり、作者の生命を超える作品を世界に残すことも可能である。活動は、人びととの協力なくしてはなしえず、人間は活動しているあいだ、「人間関係としての網の目」としての公的関係を構成している。この公的関係は人間世界であり、活動は、結果としてよりよき世界を残していくことにもつながっていく。

●公的領域の再発見

アレントは、政治と経済は違う原理によって動かされていると考える

パリ時代のハンナ・アレント（一九三五年頃）。

から、私的領域（家政）と公的領域を古代ポリスの家政（oikos）とポリス（polis）に倣って画然と区別するのである。経済は必然によって規定され、政治は自由によって特徴づけられると見ているが、これは行為形態の三区分に移し替えると、労働と活動の区別に対応する。労働は必然《アナンケー》によって強制されたものであり、活動は生活の必要の充足がその条件になっている。アレントは、『思索日記』のなかで一九五五年三月に自由と強制を対比させ、強制は暴力《ビアー》によれば、政治的な意味での強制であり、必然《アナンケー》によるのが労働（肉体）であり、または真理《アレーテー》（真理は強制《アナンカウゼン》することができる）も自由を抑圧すると考えたのである。[*13]

　アレントは、活動がつくり出す世界のことを「人間関係の網の目」と呼び、重視している。というのも、そのような関係のなかで生きることによってのみ、人間は自分のユニークさを表すことができるからである。アレントは人が直接見たり聞いたりすることのできる、触知しうる（感覚的に捉えられる）現実のことを「リアリティの世界」と呼んでいるが、このようなリアリティの世界を実感できるのが、活動の喜びである。ア

*13 *DT*, S. 519. 邦訳(II)、八九頁参照。

*14 *HC*, p. 71. 邦訳、一〇一

レントは公的領域の価値を強調したが、人間の生活には隠された側面があるから生活の深みを保つことができるのだと考えていた。[*14] つまり、完全に公的な場所で送られる生活は浅薄であり、四つの壁によって隠された私的領域が存在するおかげで、われわれは、世界の問題に多様なかたちで関わることができるのである。公的世界が重要なのは、出来事を語り合いの対象とすることによって人間的であることを学ぶことができるからであり、それとともに、一人ひとりの人間がかけがえのない個人だからである。

「共通世界の条件のもとで、リアリティを保証するのは、世界を構成する人びとすべての〈共通の本性〉ではなく、むしろ何よりもまず、立場の相違やそれに伴う多様な視座の相違にもかかわらず、すべての人がいつも同一の対象に関わっているという事実である[*15]」というように、活動には、他者と出会う場が必要であり、あらゆる多様性に開かれた空間が必要である。それこそが公的空間であり、人びとが見知らぬ他者の前に現れ、ことばや行為によって自己を開示する「現れの空間」である。

頁参照。

*15 *HC*, pp. 57-58. 邦訳、八六頁(訳文一部変更)。

●社会概念の両義性

アレントは、『人間の条件』のなかでは社会的なものを古代ギリシアの家政の延長線上に捉え、近代を社会的なものの台頭、すなわち、家政を源とする生命維持の活動、すなわち経済が私的領域の枠を超えて拡大し、政治に対して優位に立った時代として近代を理解している。近代を特徴づけているのは、社会的なるものの台頭である。アレントは、社会を家政の延長線上に捉えているので、家政における家長のもとでの画一性と同じ一様性に特徴づけられるのが社会だと理解している。言い換えると、労働が家政のなかでの生命維持の営みから解放されて公的領域を侵食し尽していくというのが、彼女の近代理解である。アレントによれば、「生命過程の公的な分野である社会的領域は、いわば、自然的なるものの不自然な成長を解き放した」[*16]のである。

社会は人びとに画一的な行動を課すのである。行動科学の出現というのは、社会が生命過程のように一つの行動パターンを強いることの表れである。それは、「労働が公的な分野に入り込んできたために、労働の

*16 *HC*, p. 47. 邦訳、七二頁。

*17 *HC*, p. 47. 邦訳、七二頁。

過程は循環的で単調な反復から解放され、急速に進む発展に変わった。その結果、数世紀のうちに人間の住む世界全体は全面的に変化した」[*17]結果だという。どのように変化したかと言うと、アレントは、人間の行為様式における活動（action）から行動（behavior）への変化として、大衆社会の登場を捉えている。労働の組織化は公的領域から得られたものであり、公的に行なわれる労働において人びとは卓越を示そうとするからである。卓越（aretê）は名誉欲に変えられるが、そこには「平等への愛」が欠如していると捉えられている。

しかし、アレントは必ずしも公私二元論的な観点から近代を理解しているわけではなく、社会を公的領域と私的領域の中間領域、混成的領域と三層構造で見ていたと解釈することもできるのではないかと思われる。というのも、アレントは、リトルロック事件[*18]をもとに公教育のあり方を論じた論文「リトルロックについての省察」（一九五九年、『責任と判断』所収）のなかでは社会を、多様性を育む混成領域、私的領域と政治的領域のあいだの中間領域と理解している[*19]し、『ラーヘル・ファルンハーゲ

＊18　Little Rock Nine. 人種差別事件。アメリカのアーカンソー州リトルロック市の公立高校での人種統合に関して、転入を許可された九人の黒人生徒の入学を阻止しようとして起こった。
＊19　*RJ*, pp. 205-206. 邦訳、三七七―三七八頁参照。
＊20　Rahel Varnhagen von Ense, 1771-1833. ドイツのユダ

ン』（一九五九年）のなかで「世界のなかへ」と表現しているのは、社会の一員になることであり、ラーヘル[*20]のつくったサロンは、準公的（semi-public）な空間であり、見知らぬ人とも分け隔てなく交流できる、人びととの交流圏だったからである。[*21]つまり、ユルゲン・ハーバーマス[*22]が『公共性の構造転換』（一九六二年）のなかで文芸的公共圏から市民的公共圏が発展していくと見たように、アレントの活動概念は市民社会論につなげていくことも可能である。アレント自身、論文「市民的不服従」のなかでアメリカにおける自発的結社の伝統を高く評価しているが、これは現代的に言えば、市民社会にほかならないからである。

ヤ人女性。一七九〇―一八〇六年にベルリンでサロンを開き、作家や貴族と交流した。アレントは、一九三〇年代に共感を込めてラーヘルについての評伝を書いている。

＊21　*RV*. S. 35-56. 邦訳、三五―五八頁参照。

＊22　Jürgen Habermas, 1929- . ドイツの哲学者、社会哲学者。フランクフルト学派第二世代に属し、公共圏やコミュニケーションについての理論を展開した。

3　世界概念と人間らしさ

●世界概念の多義性

アレントは、『人間の条件』に最初「世界への愛」（amor mundi）という表題を考えていた。アレント自身が世界を愛せるようになったのは、一九五〇年代後半からであり、一九五三年のスターリンの死後、全体主義による世界支配の恐怖が薄れるとともに、アメリカを住みかにすることができたからである。アレントにとっての故郷はヨーロッパであり、一九四九年から一九七五年までにヨーロッパを再訪した回数は二〇回を超え[*23]、長いときには数ヵ月にわたって滞在し、友人たちと再会している。アレントが「世界への愛」という場合、美しい大地や風土への愛着という意味もあるが、友情によって形づくられる世界という意味もある。

　アレントは、『人間の条件』において世界ということばを、①社会総体、自然を含む地球全体、②人びとが構成する人間世界、③物の世界、という三つの意味で使っているが、②の人間世界というのは、誰でもどこでも形成できる小さな世界という意味である。アレントの人間論は、『暗い時代の人々』（一九六八年）のなかに収められた珠玉の評伝から知ることができる。そこで取り上げられているのは、カール・ヤスパース、ヴァルター・ベンヤミン[*24]、ワルデマール・グリアン[*25]、ランダル・ジャレル[*26]ら親交のあった人たちやベルトルト・ブレヒト[*27]のような同時代人、強

*23 "Chronik der Reisen Hannah Arendts," in *Wahrheit gibt es nur zu zweien: Briefe an die Freunde*, hrsg. von Ingeborg Nordmann (Piper, 2015), S. 454-455参照。

*24 Walter Bendix Schoenflies Benjamin, 1892-1940. ドイツの文芸批評家、思想家。

*25 Waldemar Gurian, 1902-1954. ロシア出身のアメリカの政治学者、著述家。

*26 Randall Jarrell, 1914-1965. アメリカの詩人、文芸評論家。

*27 Bertolt Brecht, 1898-1956. ドイツの詩人、劇作家。

い印象を受け、敬愛したローザ・ルクセンブルク[*28]やアイザック（イサク）・ディネッセン[*29]、生きた時代は違うが若い頃から共感をもっていたレッシング[*30]らであり、アレントは彼らの人生を美しく物語っている。

●人間らしさとは何か

アレントが人間論をとおして語っていることは、人びとのあいだにあることによって人間らしさ（humaneness）、人間的であることを学ぶということである。アレントは、二人の異なった人間のあいだにも小さな世界をつくれることを、ヤスパース夫妻を例に出して語っている──「確かにヤスパースにとってこの結婚は、決して単なる私事ではありませんでした、生まれの異なる二人の人間──ヤスパースの妻はユダヤ人です──が彼らのあいだに彼ら自身の世界を創造できることをそれは立証しました。そして彼らは、この小さな世界から、それを一つのモデルとして、人間的な諸問題のあらゆる領域にとって本質的なものを学びとりました。この小さな世界のなかで、彼は、彼の比類のない対話能力、話を

＊28　Rosa Luxemburg, 1871-1919. ポーランドで生まれ、ドイツで活躍した社会理論家、革命家。

＊29　Isak Dienesen, 1885-1962. 本名はカレン・ブリクセン（Karen von Blixen）。デンマークの小説家。英語とデンマーク語で執筆した。

＊30　Gotthold Ephraim Lessing, 1729-1781. ドイツの詩人、劇作家、啓蒙思想家。

聞く際の素晴らしい正確さ、自分自身を率直に表明するための不断の準備、討議中の問題に固執する忍耐力、さらにとりわけ沈黙のなかに引き渡されている問題を対話の領域に呼び戻し、それを語るに値するものに変える能力といったものを展開し、かつ訓練したのでした。こうして、話しかつ聞くことにおいて、彼は変革し、拡大し、鋭くなること――あるいは、彼自身の見事な表現を用いるならば、明るく照らすことに成功したのです[*31]」。

アレントは、語り合いによって形成される、このような態度のことを人間らしさと呼んでいるが、それは、他者と世界を共有することによって可能になる。アレントは、「人間らしさとは感傷的であるよりもむしろ落ち着いた冷静なものであるべきこと、人間性とは同胞愛においてではなく友愛において示されるものであること、友情は個人的な親密さに関わるものではなく政治的要求をかかげて世界について論及し続けるものであること[*32]」と表現している。このように、アレントが求めているのは、世界に対し開かれ、世界を人びとと共有しようとする態度である。

*31 *MDT*, pp. 78-79. 邦訳、一二六―一二七頁。

*32 *MDT*, p. 25. 邦訳、四七頁。

ゲルトルートとカール・ヤスパース夫妻、バーゼルにて、一九六〇年代中頃。

この感情は、人間世界にだけ向かっていくものではなく、自然、すなわち大地、大空、音楽や子どもたちにも向かっていく。生きるということは、この世界が与えてくれるものを享受し、人生を楽しみ、自分が死んでいくときに生まれたときよりもよりよき世界を残していくことである。

この点で、アレントはブレヒトの初期の詩に共鳴したのである。アレントは、「マゼッパのバラード」の最後の二連――「三日間の騎乗の末が死に終わり、大地の与える沈黙と天の与える安らぎに終わったことが語られている」――について「生きていることは楽しいとする感情であり、すべてを楽しむのは生きていることのしるしだとする感情である」と注釈している。[*33]

これは、七七頁で分類した①の意味での世界であり、この意味での世界は人間が生きていくための条件である。イサク・ディネッセンが友人を喜ばすために料理をつくったように、自然の循環のなかに生きる人間には生の喜びがあり、身体を動かす愉しみがある。労働を脱神話化しようとしたアレントも、自然のもたらす恵みを享受することは否定してい

*33 *MDT*, pp. 229-230. 邦訳、三五五―三五六頁。

ない。アレントによれば、カリフォルニア州のヨセミテ公園のアメリカ杉は人間の生命をはるかに超えた不死を表している。[*34] しかし、自然にせよ、世界の出来事にせよ、それを他者と共有することによって、われわれは人間的であることを学ぶのである。アレントは、『ラーヘル・ファルンハーゲン』のなかで「自分の悲しみを愛してはいけません。世界は出来事が起こるがゆえに、私たちの精神よりはるかに偉大です[*35]」ということばを引いているように、この場合の世界は全世界のことであり、地球全体である。しかし出来事について語り合うことによって世界を人間的なものにできるのであり、語り合う過程で自然に人間らしさを身に付けていくのである。アレントは、③の意味での世界は、活動する仲間の友情、共通の関心に基づく交友関係としての世界のほうが堅固だとしている点が重要である。友情や信頼があるから活動できるのであり、逆に、関心を共有することによって友情が堅くなっていくのである。その際に人びとを結びつける共通の関心事が②の意味での世界である。アレントが「世界への愛」と言う場合、このような三重の意味があるが、いずれ

*34　志水速雄「ハンナ・アレント会見記」『歴史と人物』一九七二年一月号、七四頁参照。

*35　*RV*, S. 108. 邦訳、一一一頁。アレントが抜粋して付録として付けたラーヘルの手紙と日記から。引用は、ラーヘルからレベッカ・フリートレンダー宛ての手紙（一八〇六年）のなかのことば（*RV*, S. 221. 邦訳、二二八頁）から。

にしても世界は友情や信頼の土台となるものである。

●人びとのあいだの人間

アレントは、『暗い時代の人々』のなかで友情に暗い時代のなかの一条の光を見いだしている。われわれは、友情によって世界を共有することができ、共通の世界を絶えず語り合いの対象にすることによって世界を人間的にすることができるのである。そして、われわれはその過程で人間的であることを学ぶのである。アレントによれば、人間的であるとは、文字どおり「人びとのあいだの人間」(Mensch unter den Menschen)になり、語り合いの醸し出す喜びに浸ることである。彼女がレッシングを称賛するのも、彼が人間世界の内部では唯一の真理が存在しえないという理論的洞察をもっていたというだけではなく、真理がないことを喜び、人びとの終わることのない語り合いに喜びを感じていたからである。つまり、彼はすでに暗い時代に生きていたのだが、親密な間柄の人にも論争を挑み、「二人の人間のあいだの一個の友情」を破壊するようない

ラーヘル・ファルンハーゲン(Rahel Varnhagen von Ense, 1771-1833)。

かなる教義にも反発したのだった。そして「ただ世界の出来事やそのなかの事柄について絶えまなく頻繁に語り合うことによって、世界を人間的にすることに関心を寄せていたにすぎない」のだし、そのために「彼は多くの人びとの友人となることを望んだ」のである。*36

ワルデマール・グリアンについての評伝も、友情の意味について語っていて、感動的である。グリアンは、ロシアのペテルスブルクのユダヤ人家族の出身で、第二次世界大戦前からカトリック系の作家、評論家として知られていた。彼は、自分の病気が悪く死を予期すると「恐怖や自己憐憫や感傷の影もとどめずに*37」、友人に別れを告げるための旅に出たのだという。

アレントは、彼の友人に対する誠実さ、彼が知っているすべての人に対する誠実さを強調している。その誠実さのため、彼はどんな事物も人物も忘れることがなかったかのようである。この誠実さは、「助力を必要とする友人に対して助力を与えるように彼を駆りたてただけではなく、友人の死後は彼らの子どもたちに対して、たとえ彼が彼らに会ったこと

*36 *MDT*, pp. 29-31. 邦訳、五三―五六頁。

*37 *MDT*, p. 251. 邦訳、三九五頁。

がなく、また会いたいと望んではいない場合でさえも、助力を惜しまないように彼を駆りたてた」[*38]のだった。

グリアンも、レッシングと同じように、社会に対して批判的であり、世界の事物に対して幅広い関心をもっていた。グリアンは、世界に対する勇気によって社会の慣行を打ち破り、友人との交際において思想闘争を求めることもあった。悶着を起こすことから彼を救ったのは、彼の子どもっぽい無邪気さであり、彼の挑発は「いんぎんな社会においてわれわれがきわめて注意深く隠そうとしたり、それを無意味な礼儀や、われわれが〈誰の感情も傷つけない〉と呼んでいる偽善的な思いやりで包み込んでしまう」現実的で当面の問題に関連した意見の対立を公開の場にもち出したりするための手段であった。[*39]グリアンは、ひとを害する気持ちはもたなかったし、こうしたことを頻繁に行なったわけではなかった。なぜなら、彼はひとを困惑させることは避けていたのだし、反対に、世界から疎外されている人びとを「わざと社会のなかに引き入れ、彼のほかの友人たちと」接触させたのだった。[*40]グリアンは、さすらい人であっ

*38 *MDT*, p. 254. 邦訳、三九九頁。

*39 *MDT*, p. 258. 邦訳、四〇六頁。

*40 *MDT*, p. 261. 邦訳、四一〇頁。

たが、こうして世界を友情に満ちていったものに変えていったのである。

アレントは次のように表現している――「彼は一人の旅人であり続けたのであり、彼がやってくるときは常に、それはあたかもどこから到着したのでもないかのごとくであった。しかし彼が世を去ったとき、彼の友人たちは、家族の一員が彼らをあとに残して去ってしまったかのように、彼のために嘆き悲しんだのである。彼は、われわれのすべてが達成すべきことを達成した。すなわち、彼は彼の本拠をこの世界のなかに築き、友情を通じてこの地上を彼自身にもくつろげるところとしたのである」[*41]。

友情は、人間を「人びとのあいだの人間」にする。人間的であることは、人びとのあいだにあって身に付ける態度や立ち居振る舞いである。交友関係を通じてひとは世界を共有することができる。それだけが、公的な光が失われた暗い時代にあってあっても人びとに世界を愛することを可能にしたのである。アレント自身も、「友情の天才」と言われたように、友情を大切にし、人びとのあらゆる多様性を愛したのである。

*41　*MDT*, p. 262. 邦訳、四一一頁。

●友情の政治的意味

アレントにとって暗い時代とは、人びとが公的な光から遠ざけられた時代である。逆に、人間は、公的な輝きのなかで生きることによって、私的な幸福とは異なる喜びを享受できるのであり、世界はすぐれて政治的な概念なのである。しかし、社会全体にせよ、自然にせよ、人間関係の網の目にせよ、戦争や全体主義のもとでそれらが破壊されたのが二〇世紀の経験であった。したがって、アレントの遺稿の編集者、ロッテ・ケーラー[*42]が言うように、そういった事実から出発して政治とは、「非暴力的な人間の生活形式を打ち立てるための可能性であり、そのための挑戦である」[*43]という意味で、政治の価値を高める政治理論を確立していかねばならないのである。まさにこれこそが、アレントが政治理論に向かった理由である。

アレントが同情ではなく友情に政治的重要性を認めたのは、活動の基盤になるからである。同情は一元的であるのに対し、友情は選択的であり、持続的である。政治の概念を人間のレベルに引き下ろしたとき、市

*42 Lotte Köhler, 1925–2011. ドイツ出身で一九五五年に渡米して以来、アレントの友人。ドイツ文学者。一九九〇年からハンナ・アレント・ブリュッヒャー文書委託機関（Hannah Arendt Bluecher Literary Trust）の管財人で、アレントの書簡集を編集した。

*43 "Einführung von Lotte Köhler," in *Hannah Arendt/Heinrich Blücher Briefe 1936–1968*, hrsg. von Lotte Köhler (Piper, 1996), S. 16. ロッテ・ケーラー「序文」、ロッテ・ケーラー編／大島かおり・初見基訳『アーレント＝ブリュッヒャ

民自治、市民運動、市民活動のレベルで他者と協力していくことが活動としての政治のかたちになる。もちろん、友情は私的な関係で成り立つものだが、公的な関係でも成り立つ。市民運動や市民活動に従事している市民のあいだでは、理念を共有しているがゆえに、友情は永続的に続く基盤が確保されている。また、理念の共有によって、友人や仲間を増やしていくことができる。人びとのあいだにいることによって、人間は安らぎを感じることができるのであり、グリアンの場合がそうであったように、論争のなかでもくつろいでいることができるのである。アレントの人間の学としての政治学において最も重要な要素は友情であり、それはアレント自身の生と思想のなかにも体現されている。

ー書簡集』(みすず書房、二〇一四年)所収、xiii頁。

第三章

新しい政治原理を求めて

1　アレントにとってのアメリカ

●亡命者としての苦難

アレントは一九四一年一月にアメリカに亡命し、一九五一年に市民権を獲得したが、一九三三年から五一年までは無国籍者であった。彼女は、一九四〇年一〇月にはフランスのモントーバンからユダヤ人の友人ゲルショム・ショーレム[*1]に宛てて「ユダヤ人はヨーロッパで死につつあり、犬のように埋められている」[*2]と書き、ニューヨークに住まいを確保し、一九四一年五月には、アメリカの緊急ヴィザ取得の手助けをしてくれた前の夫のギュンター・アンダース[*3]に宛てて「救われた」ことを知らせているように[*4]、命からがら逃げてきたのである。

アメリカに渡ってから一〇年間の苦労は想像に難くないが、執筆活動を生活の中心に置いたものの、彼女は英語で書くことに苦労し、英語を母語とする友人たちに助けられて執筆活動を行なっていくことになった。

＊1　Gershom Gerhard Scholem, 1897–1982. ドイツ生まれのイスラエルの思想家。ユダヤ神秘主義研究の世界的権威。

＊2　Hannah Arendt to Gershom Scholem, October 21, 1940, in: Hannah Arendt/Gershom Scholem, *The Correspondance of Hannah Arendt and Gershom Scholem*, edited by Marie Luise Knott, translated by Anthony David (The University of Chicago Press, 2017), p. 4.

＊3　Günther Anders, 1902–1992. 本名はギュンター・シュテルン（Günther Stern）。ドイツ生まれの哲学者。アレントの最初の夫。ヴァルター・ベンヤミンのいとこ。

＊4　Hannah Arendt an Günther Anders, den 25. Mai 1941,

ここでも、彼女の「友情の才」が役立ったわけだが、移民を受け入れてできた国であるアメリカの多民族的構成や開かれた政治文化に負うところも大きい。とくに彼女が終《つい》の住処とするニューヨークではそうであった。

アレントの母語はドイツ語、第二言語はフランス語、第三言語は英語であり、「母語が残った」という[*5]のは、彼女の思考言語がドイツ語であったことを意味している。アレントは、ドイツからの亡命者仲間とはドイツ語で話していたし、彼女の話す英語はドイツ語なまりだったという。それでも十分に意思疎通できるようになっていき、彼女は、言語の違いは障壁ではなく、人間がいくつもの言語を習得できる能力を具えていることは、逆に、表現できる幅が拡がり、思想の豊かさも増すのだと考えていた[*6]。アメリカは、人間の複数性、多様性に基づく政治理論を構築しようとするアレントにとって好都合な新天地だったと言えよう。

in: Hannah Arendt/ Günther Anders, *Schreib doch mal hard facts über Dich in: Briefe 1939 bis 1975: Texte und Dokumente*, hrsg. von Kerstin Putz (C. H. Beck, 2016), S. 23.

*5　*Gespräche mit Hannah Arendt*, S. 22-23参照。

*6　*DT*, S. 42-43. 邦訳(I)、六二一—六二三頁参照（一九五〇年一一月記）。

●共和国の市民として

とはいえ、アレントとアメリカとの関わりはアンビヴァレントなものだった。アレントはアメリカの政治文化や政治的伝統には本当に感動した一方で、アメリカ政治の動向やアメリカ社会の同調主義には批判的な視点を失うことはなかった。

アレントがヤスパースに宛てて、「そもそもアメリカについては言うべきことがたくさんあります。ここには実際に自由というもの、自由なしには生きられないという強い感情が多くの人びとにあり、共和政は空虚な幻想ではないです。……ここの人びとは公的生活に対して私がヨーロッパのどこの国でも見たことがないほど責任を感じています」[*7]と書いているように、ヨーロッパとは異質な政治文化との出会いが驚きだったのである。アレントにとってアメリカの市民権をとることは自覚的な行為であり、「私の市民権＝試験〔国籍取得のための試験〕のために、というよりはそのお祝いに、少々アメリカの憲法の歴史を勉強しました。本当にすばらしい憲法です、条項の定式化一つひとつに至るまで」[*8]と書いて

*7　*AJ, S.* 66. 邦訳(1)、三四頁（ヤスパース宛ての手紙、一九四六年一月二九日付、訳文一部変更）。

*8　*AJ, S.* 209. 邦訳(1)、二

いるように、アメリカ合衆国憲法と建国の父たちの著作に感銘を受け、多くを学んだ。

アレントは、一九五〇年代から大学でも客員教授として教えるようになっていった。一九五三年から五六年にかけてプリンストン、ハーバード、ニュースクール・フォー・ソーシャル・リサーチ、カリフォルニア、シカゴの各大学で講義を行なっている。これらの大学での講義で取り上げられたテーマについて準備するなかで著書のもとになる草稿が書かれているのである。とくに一九五六年にシカゴ大学で行なった講義は『人間の条件』のもとになったし、その後一九五八年にプリンストン大学で行なった講義は『革命について』（一九六三年）のもとになったことで知られる。

アレントは、「すべてが新しい世界には新たな政治学が必要である」というトクヴィルのことばを念頭に、一九五〇年代に「新しい政治学」の確立に向かった。*9 この計画は完成には至らなかったが、彼女の思想のいくつかの部分は一九五〇―七〇年代の著作のなかに示されている。ア

〇〇―二〇一頁（ヤスパース宛ての手紙、一九五一年九月二八日付）。

*9　*DT.* S. 465. 邦訳(II)、二〇〇頁参照。

アレクシ・ド・トクヴィル (Alexis-Charles-Henri Clérel de Tocqueville, 1805–1859)。

レントが政治のポジティヴな意味を明らかにした主著は、『人間の条件』と『革命について』であるが、「暴力について」のなかでも彼女の基本的な政治概念が彼女自身の視点から明らかにされている。アレントが意図したのは、古代ギリシアのポリスの政治活動から近代の革命に至るまで、自発的に政治に参加した人びとの政治的経験を辿ることによって、政治を市民の生活の一部として位置づけることである。

それと同時に、アレントは、出来事や事件を考察する政治思想家として同時代の出来事を省察している。アメリカで遭遇した事件で、アレントの省察の対象となったのは、マッカーシズム[*10]、公民権運動[*11]、ハンガリー革命[*12]、学生運動、ベトナム戦争に関連した兵役拒否、ベトナム戦争のさいのペンタゴン文書にまつわる嘘の問題、ウォーターゲート事件[*13]などであるが、世界の出来事に観客として関わり、政治情勢に対して常に関心を絶やさなかった。それらの一部は、『共和国の危機』（邦題は『暴力について——共和国の危機』）という表題で一九七二年に公刊されている。彼女の政治理論の主著の一つであり、叙事詩的に人びとの営みとしての政

＊10 McCarthyism. アメリカの共和党上院議員ジョセフ・マッカーシーの告発をきっかけとして一九五〇年代初頭に起こった反共産主義のイデオロギーと運動。

＊11 Civil Rights Movement. 一九五〇–六〇年代のアメリカでアフリカ系住民が、憲法の修正条項で認められた平等な権利の保障を求めて行なった人種差別撤廃運動。

＊12 Hungarian Revolution of 1956. 一九五六年、ソ連でのスターリン批判後、ハンガリーで市民が民主化を求めて共産党体制を打倒し、新しい統治形態を打ち立てようとしたが、ソ連の

治を物語ったのは、『革命について』である。もちろん、死後に出版された本もあるが、第一義的な重要性をもつのは、生前に彼女自身の意志で公刊した著書だと言えよう。したがって、主著の『人間の条件』『革命について』と『共和国の危機』を中心にして、彼女が打ち出した新しい政治原理について考えてみたい。

2　政治モデルの構築

●公的自由と対等性

アレントは、近代の政治哲学、すなわち自由主義政治哲学とは別様な自由と平等の理論を構築した思想家であった。自由主義において自由は、一七世紀のジョン・ロック*14の場合は、理性的判断力としての内的能力であるとともに、生命、自由、財産という人間に固有の権利であり、一八世紀のカントにおいては、「汝の行為が普遍的な法律となるように行為せよ」という定言命法に見られるように、自律を意味し、一九世紀のジ

武力介入によって鎮圧された事件。「ハンガリー動乱」ともいう。

＊13　Watergate Affair. 一九七二年六月一七日、ニクソン大統領の再選を目指すグループがワシントンのウォーターゲート・ビルにある民主党本部に侵入し盗聴装置を仕掛けようとして未遂に終わった事件。発覚後ニクソン大統領は、関与の疑惑によって弾劾されそうになり、一九七四年八月九日、辞任に追い込まれた。

＊14　John Locke, 1632-1704. イギリスの政治哲学者。経験論哲学に基づき、自由主義の政治原理を確立した。

ヨン・スチュアート・ミル[*15]の場合は、他者危害原則に見られるように、他者を危害しない限りでの言論、行動の無制約性を意味している。それも自由であるには違いないのだが、アレントは自由を活動している状態として捉えている。アレントが、近代ではなく古代ギリシアの人間の経験に遡るのは、自由と平等の意味を再定義するためである。

古代ギリシアにおいて自由人とは、自由に思考する人のことではなく自由に動き回り、活動する人のことであったように、歴史的に言えば、自由とは公的な場においてまずもって経験されたというのが、アレントの理解である。アレントは、「自由とは何か」という論文のなかで「われわれが自由やそれに対立するものを自覚するようになったのは、まず他者との交わりにおいてであって、自分自身との交わりにおいてではなかった。自由は、思考の属性や意志の属性となる前に、自由人の状態《ステイタス》、つまり、人びとに移動を可能にさせ、家をあとにして世界のなかに入り、行ないやことばにおいて他者と出会うのを可能にさせる状態として理解された。この自由には明らかに解放《リベレイション》が先立っていた。自由であるため

*15　John Stuart Mill, 1806–1873. イギリスの哲学者、政治哲学者。思想の自由や社会の多様性を尊重する近代自由主義を確立した。

ジョン・スチュアート・ミル。

には、人は、生命の必要から自ら自身を解放していなければならない。しかし、自由であるという状態は解放の作用から自動的に帰結するものではない。自由はたんなる解放に加えて、同じ状態にいる他者と共にあることを必要とし、さらに他者と出会うための共通の公的空間、言い換えれば、自由人誰もがことばと行ないによって立ち現れうる政治的に組織された世界を必要とした」[*16]と述べているように、生活の必要から解放された市民の相互行為として経験されたのである。

●政治モデルの性格

アレントの政治モデルの中心には自由がある。自由が発現するには対等性と非暴力が確保されねばならず、そのような条件のもとで活動している状態が自由なのである。アレントに倣って、内的自由と区別するためにこのような自由を公的自由と呼ぶとしたら、公的自由を享受するには生活の必要から解放されていることが条件となり、世界が必要だということである。

＊16 *BPF*, p. 148. 邦訳、二〇〇頁。

世界とは、人びとのあいだにあって、人びとを結びつけ、集まらせる共通関心事であり、公的空間でもある。自由に語り行為する空間が古代ギリシアのポリスであったから、アレントはポリスに政治の原像を求めるのである。アレントの自由論において最も特徴的なのは、自由は平等が確保されないと成り立たないという視点である。近代の自由主義であったら、自由を権利として平等に保障するということになるが、この順序を逆転させ、平等がないと自由に活動できないと言っているのである。

アレントが古代ギリシアにおけるイソノミア[*17]に注目し、それを無支配と訳しているのは、このためである。アレントによれば、「政治現象としての自由は、ギリシアの都市国家の出現と時を同じくして生まれた。ヘロドトス[*18]以来、それは市民が支配者と被支配者に分化せず、無支配《ノー・ルール》関係のもとに集団生活を送っているような政治組織の一形態を意味していた。古代人たちが述べているところによると、いろいろな統治形態のなかでこのイソノミアの顕著な性格は支配の観念がまったく欠けている点にあった[*19]」。

＊17 isonomia. 平等政治、政治的平等。イソス（平等な、公平な）によって特徴づけられる政体。

＊18 Herodotus 生没年不詳。歴史家。現在残っている最古の歴史書である『歴史』を書いたことから「歴史の父」と呼ばれる。

＊19 *OR*, p. 22. 邦訳、四〇頁（訳文一部変更）。

無支配関係というのは、人びとの関係が命令‐服従の関係ではないということである。アレントによると、人間は生まれながらにして平等ではないので、人為的に平等になる必要があり、そのために都市国家を必要としたのである。「ギリシアの都市国家の平等、すなわちイソノミアは都市国家の属性であって、人間の属性ではなかった。人間はその平等を市民《シティズンシップ》になることによって受けとるのであって、その誕生によって受けとるではなかった。平等も自由も人間の本性に固有の質とは理解されず、そのいずれも、自然によって与えられ自然に成長するものではなかった。それは法律であった。すなわち約束ごとであり、人工的なものであり、人間の努力の産物であり、人工的世界の属性なのであった[20]」ということである。

アレントによれば、支配者自身も自由ではなかったのは、彼は対等者の一人ではなくなり、政治的空間そのものを破壊したからである[21]。古代ギリシアの経験に基づけば、自由と平等は分かちがたく結びついているのである。実際には、平等が確保されなければ、自由は存立しえないと

＊20　*OR*, p. 23. 邦訳、四一頁。

＊21　*OR*, p. 23. 邦訳、四一―四二頁参照。

いうことである。この場合、平等というのは関係性の平等であり、対等性、すなわち対等な関係性のことである。たんに権利の平等、機会の平等ということでなく、対等な関係を日常の生活の場から捉えなおすことが、「新しい政治学」の第一歩となるのである。

アレントにとって、政治とは人間が公的な場に現れ、発言し、行為することにほかならないのであり、そのようなレベルでの政治のモデルになりうるのは、古代ギリシアのポリスであった。そこでは、政治とは、ポリスのなかで活動し、公的問題について話し合うことを意味したからである。家政の領域は「前政治」であり、他の都市との戦争は「反政治」である。[*22] 近代の国民国家のような大規模な政治体ではなく、ポリスのような小規模な、丘の上に登れば一望に収められる都市空間でのみ、そのような政治は日常化しうるのである。

歴史的に言えば、中世ヨーロッパの教会もまた、公的空間として機能した[*23]が、それはポリスのように市民すべてに開かれた討議空間ではなく、集会場所であり、ポリスのように住民全体を包摂する政治空間ではなか

＊22 「前政治」(prepolitical)とは、ポリスでの政治活動に入る前に必然を克服していなければならないということであり、家政(オイコス)での営みを指す。「反政治」(antipolitical)とは、ことばによる問題解決である政治とは反対の現象としての暴力や戦争を指す(*PP*, pp. 108-165. 邦訳、二〇四—二八八頁参照)。

＊23 *PP*, pp. 139-141. 邦訳、二五一—二五三頁参照。

った。宗教改革以後は、宗教的領域の代わりに、古代ギリシアにおける私的所有権の領域が拡大して、社会というかたちの公的領域を形成していったのである。しかし、これらはいずれも公的空間のモデルとしては不適であり、アレントにとっては、生活の改善や財産の保全というような目的によってではなく、対等な立場で参加する公的空間での討議決定として政治をモデル化することが重要なのである。

　しかし、古代ポリスのような自己完結的な都市像やそれをもとにした政治モデルが、現代においてどのような意味をもつのかという疑問も生じたとしても、無理からぬことではある。というのも、現代においては、政治と経済、内政と外交はますます相互浸透的になってきているからである。アレントの議論は古代ポリスの公私区分に依拠し、概念を区別しすぎるきらいがある。しかし、だからこそ逆に、彼女は、**暴力を用いずに共同の問題を解決する営み**としての政治の原型を発見することができたのだとも言える。現代政治学では、市民の日常的な営みとしての政治のレベルは軽視されているが、政治を人間の生のレベルから捉えなおし、

図3　アレントの政治モデルのイメージ図

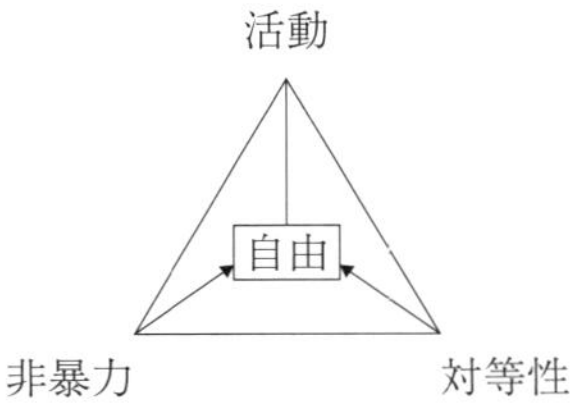

人間にとって意味あるものにするには、政治の根源に遡る必要があるのだと思われる。それを試みたアレントの政治理論は、協力・友愛・市民的連帯の政治学に向けて豊かな源泉を提供している。

●ポリス・モデルの妥当性

アレントが古代ギリシアのポリスに遡って公的空間のモデルを構築したのは、無支配の政治が行なわれていたからである。自由そのものには人びとが集まり、語り、話し合う公的空間が不可欠であり、ポリスのような小規模の政治的共同体がそのモデルになりうるからでもある。アレントは、『人間の条件』のなかでポリスということばを、①都市＝都市国家、②公的領域、公的空間、③市民団、市民的結合体、という三つの意味で用いている。このなかでとくに重要なのは、②の公的空間としてのポリス、言い換えれば、ポリスとは市民が活動するための空間だという認識である。というのは、これは、彼女が『革命について』のなかで、革命を「自由の創設」、すなわち公的空間に依拠した立憲政体の樹立と

市民であるとともに兵士でもあったペリクレス（ロンドン、大英博物館、筆者撮影）。

して理解する、独自の革命理解につながっていくからである。

アレントが古代ギリシアのポリスに遡ったのは、政治の純粋な型を求めてであり、それは、必ずしも現代にそのまま通用するものでもないし、ポリスの現実を映し出しているものでもない。たとえば、アレントは、意図的にポリスの次のような側面を無視している。

① 市民の政治活動が奴隷労働の上に成り立っていた事実——「奴隷なきポリス」のための政治理論と形容されるように[*24]、アレントが価値を置いているのは近代的な平等主義的な市民であり、彼女は奴隷や女性の排除を肯定しているわけではない。

② 市民が兵士でもあった事実——ポリスは「戦士共同体」でもあったのだが、アレントはその点は無視し、ポリス内での政治に焦点を当てようとしたのである。ペリクレス[*25]は、「市民であるとともに兵士でもあった」が、彼女が注目するのは、偉大なことばの発し手としてのペリクレスである。

③ 宗教的共同体としての性格——アレントはポリスが宗教（祭祀）共

＊24 Dana R. Villa, *Arendt and Heidegger: The Fate of the Political* (Princeton University Press, 1996), p. 25. デーナ・R・ヴィラ／青木隆嘉訳『アレントとハイデガー——政治的なものの運命』（法政大学出版局、二〇〇四年）三九頁。

＊25 Periklēs, 前495?-429. アテナイ民主政の代表的指導者。将軍としても活躍した。民主的改革を行ない、アテナイに全盛時代をもたらした。

同体であったという事実を無視するが、これは、彼女の政治理論において宗教が占める場がないということとも関連しているが、フッサール[*26]、ハイデガーの影響を強く受けた、彼女の現象学的アプローチによるところも大きい。彼女の政治理論は、精神の次元ではなく行為の次元で現象を捉えようとしており、ポリスを支えるエートス（精神文化）は問題にしていない。

というのも、アレントのポリス・モデルは、政治の原像を明らかにするために、古代ポリスの現実の一部を規範化してつくられたものだからである。政治の自律性を際立たせ、政治本来のあり方を明らかにするために、ポリスを活用したものである。アレントが無視した側面こそが、ポリスの本質を表すものだと言えるかもしれないが、逆に、彼女が無視した側面は、彼女が強調したい側面を表しており、彼女の政治理論の性格を指し示しているとも言える。というのも、彼女の政治理論は、人間の政治的経験の隠れた側面を明らかにし、時代を超えて通用する政治の範型を求めているからである。

*26 Edmund Gustav Albrecht Husserl, 1859-1938. オーストリアの哲学者、数学者。事象そのものを認識する方法として現象学を提唱し、二〇世紀の哲学に多大な影響を与えた。

現代において都市は、人びととの共生の場であり、活動の場でもある。地域においての市民グループの形成は、まず知り合いや友人から始まる。「友人や信頼のできる仲間がなければ、活動は不可能だ」(プラトン「第七書簡」325d)ということは、アレントが指摘しているように、あくまで活動の第一段階である。アレントがむしろ強調しているのは、「意見を述べる」こと、「互いに語り合う」ことである。[*27] アレントは、公的空間のことを「現れの空間」とも呼んでいるが、それは人びとが他者の前に現れ、自分がどのような人物であるかを開示することができるからである。人びとを結びつけるには、介在物(in-between)である共通関心が必要であり、共通の関心事によって引き寄せられるように集まって来た人びとのあいだに形成される空間が公的空間なのである。

*27　WP. S. 50. 邦訳、四〇一四一頁参照。

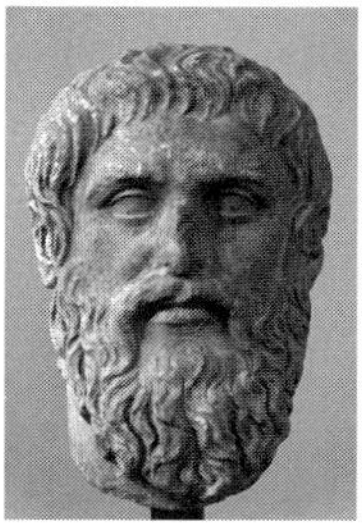
プラトン(Platōn, 前427–347)。

3　対等性と非暴力

●公的空間と公的幸福

アレントが政治思想史に新たに付け加えたことばが公的空間と公的幸福であり、そこにアレントが伝えたい、人間のポジティヴな経験が込められている。アレントは、公的空間はいついかなるところにも現れうると考えたが、近現代の革命の過程で自然発生的に現れた評議会制[*28]にその典型的な例を見ている。アレントの『革命について』の最終章「革命の伝統と失われた宝」は、近代の革命において失われた宝である評議会の歴史を雄渾に物語っている。

アレントは、『革命について』のなかで老若男女ふつうの人びとの生き生きとした経験を歴史のなかに再発見している。アレントが再発見し、これまでの政治思想史でほとんど気づかれもせず、顧みられてもこなかった概念が公的幸福である。公的自由 - 公的空間 - 公的幸福は一体にな

＊28　council system. 地域や職場に形成され、誰でも自発的に参加でき、国の問題について討議できる公的空間である評議会を基盤にした共和政体（一〇八－一〇九頁参照）。

っている。公的空間がなければ、公的自由は享受できず、公的自由を行使することによって公的幸福を感じることができるのである。公的幸福とは、端的に表現すれば、公的に活動することが苦痛ではなく喜びだということ、活動すること自体に価値があるということである。

　アメリカ革命に参加した人びとが、ただ語り、行為するために集会に参加したように、語り合い、共同で新しいことを始め、公的な責務を果たすことが、苦痛ではなく、私的生活では味わいえないような公的幸福の発露だったのである。古代ポリスにおいて政治生活が幸福の枢要な部分を構成していたように、革命に加わった人びとも活動すること自体に価値があることに気づいていたのである。アレントは、「要点は、アメリカ人が公的自由は公務《パブリック・ビジネス》に参加することにあり、この公務と結びついている活動は決して重荷になるのではなく、それを公的な場で遂行する人びとにほかでは味わえないような幸福感を与えることを知っていたという点にある」[*29]と表現している。

　もちろん、人びとは何らかの目的や動機があって活動し、その副産物

＊29　*OR*, p. 115. 邦訳、一八三頁。

として公的幸福を享受すると考えるのが通常の考え方だが、アレントは、目的や動機がどうであれ、活動する過程自体に価値があるのだとしている。ジョン・アダムズ[*30]らの著作に発見するのは「もっぱら討論や審議や決議を楽しむ」ために人びとが町の集会に出かけていったことである。アレントがアダムズの著作に見いだすのは「卓越への情熱」であり、これは自分の周りの人びとから見られ、聞かれ、評価されたいという情熱であり、古代ギリシアの卓越の近代版である。アダムズは、この「卓越への情熱」の美徳のほうを「張り合い」と、悪徳のほうを「野望」と呼んだが、「張り合い」のほうは純粋に自分のユニークさを発揮したいという欲求であり、権力を求める「野望」や私的情熱である名誉欲とは区別される。近代の平等主義的社会の「卓越への情熱」は、「平等への愛」と密接に結びついており、誰しももっている唯一性を示すことであり、支配欲とは無縁である。

アレントは、公的空間に依拠した統治の可能性として評議会制度に注目している。彼女は、語られず記憶されないままに残された、奇妙で悲

＊30　John Adams, 1735–1826. アメリカの政治家。アメリカ建国に功績があった。

しい、評議会の歴史を物語っている。つまり、パリ・コミューン、ロシア、ドイツ、ハンガリーの革命の過程で自然発生的に現れた評議会は「近代的な平等主義的社会の全成員が公的問題の〈参加者〉になることができるような新しい統治形態」[*31]の萌芽であった。そのような統治形態への期待は、人びとに顧みられることもなく葬り去られってしまったので、アレントは、そのことを記憶と回想によって償おうとしているのである。

アレントは、代議制民主主義のオルタナティヴとして評議会制度を想起しているのだが、重要なのは、評議会制度の復活ではなく、すべての市民が統治参加者となることができるような仕組みの構築である。おそらく、現代においてその可能性は、地域や職場での自治的参加制度と共通関心を軸に集う人びとが形成する市民団体という二つの方向で模索する必要があるだろう。アレントは、純粋なモデルとして提示しているのであって、その実現可能性を検討しているわけではない。評議会制度と代議制民主主義との違いは、地域や職場に国の問題について直接議論し合う場があるということである。アレントは、「政治からの自由」も認

*31 OR, p. 268. 邦訳、四二一頁。

めており、参加はあくまで自発的になされるべきだと考えていた。とはいえ、政治を人間の手に取り戻すには、生活の場に公的な問題を話し合う公的空間が不可欠の条件になることを銘記すべきだということである。

五〇歳のハンナ・アレント（一六五六年）。

●暴力と権力を区別する

ところで、アレントの構想した「新しい政治学」は、権力、権威、暴力、主権など政治の基本的概念を再定義する予定であった。それは完成を見ることはなかったが、「暴力について」という論文によって彼女の構想の一部を知ることができる。そのなかでアレントは、従来の政治現象・社会現象としては命令‐服従という垂直的な関係で捉えられる権力現象もあることは事実であり、そのことはアレントも否定しない。全体主義体制下では圧倒的多数の住民が権力に屈服したように、それは通時的に見られた現象だと言えよう。

しかし、人びとが横に連帯し、協力することによってつくり出す水平的な権力もある。アレントは、理念的な意味での権力の概念を「協力して活動する」ことから生み出される力として理解している。つまり、権力の源泉は人びとの共生にあり、人びとが共生しているところではどこでも権力は生まれるのだというのだが、政治を人びとの相互行為と見たように、権力も対等な人びとのつくり出す力にほかならないと理解される。

本来あるべき政治は、互いに異なる人びとのあいだの相互行為にほかならない。主権という概念は単数性、あるいは一人の人間の意志に関係しているのに対し、権力は、活動の潜在可能性に関連した概念である。したがって、新しい政治学の枠組みを構築するために『人間の条件』や「暴力について」のなかで権力を再定義する必要があったのである。アレントによれば、活動はことばと密接に関連している。アリストテレスは、人間をゾーン・ポリティコン（政治的動物）として定義するが、この定義は、人間だけがゾーン・ロゴン・エコン（ことばをもつ動物）であるという彼の第二の定義によって意味あるものになる。人間が行為するとき、ことばが常に伴う。活動の条件は、人間が共生するためのものであ

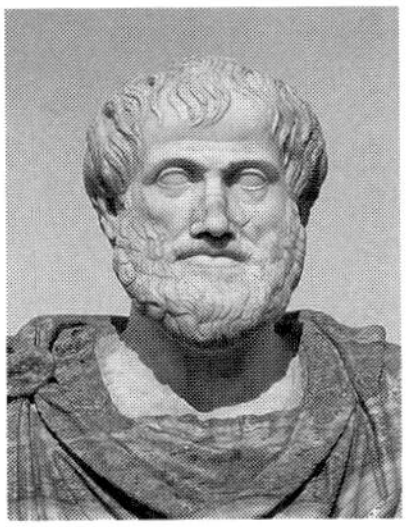

アリストテレス（Aristotelēs, 前384–322）。

り、それはたんに共にいるだけではなく、信頼と協力をもって生きていることを意味している。共生は、権力を生み出すための潜在的な条件である。ひとが何か新しいことを始めるとき、その行為を遂行するために必要な仲間を見つけ出す。この点において、活動の概念は権力概念と結びついている。

アレントによれば、「権力が発生する上で、欠くことのできない唯一の物質的要因は人びとの共生である。人びとが非常に密接に生活しているので活動の潜在能力が常に存在するところでのみ、権力は人びとと共に存続しうる。したがって、都市国家としてすべての西洋の政治組織の模範になってきた都市の創設は、実際、権力の最も重要な物質的前提条件である」[*32]。要するに、人びとは、活動を持続するためにポリスのような公的空間を必要としていた。しかし、公的空間は何もポリスに限られるものではない。アレントは公的空間を次のように広げて考えている。「正確に言えば、ポリスというのは、ある一定の物理的場所を占める都市=国家ではない。むしろ、それは、共に活動し、共に語ることから生

*32　*HC*, p. 201. 邦訳、三二三—三二四頁。

まれる人びとの組織である。そして、このポリスの真の空間は、共に行動し、共に語るというこの目的のために共生する人びとのあいだに生まれるのであって、それらの人びとが、たまたまどこにいるかということとは無関係である。〈汝らのゆくところ汝らがポリスなり〉という有名なことばは、たんにギリシアの植民の合いことばになっただけではない。活動と言論は、それに参加する人びとのあいだに空間をつくるのであり、その空間は、ほとんどいかなる時いかなる場所にもそれにふさわしい場所を見つけることができる[*33]」というように、人びとが共生しているところではどこでも、権力を生み出す基盤は存在するということである。

アレントの権力論の核心は、人間には権力をつくり出す潜在的な能力があり、その条件は人びとの共生だということである。権力は、協力して活動しようとする人びとのあいだに生まれ、離散する瞬間に消え去るものである。すなわち、権力とは、「活動の束の間の瞬間が過ぎ去っても人びとを結びつけておくもの(今日「組織」と呼ばれているもの)、そして同時に人びとの共生によって存続するもの[*34]」である。

＊33 *HC*, p. 198. 邦訳、三二〇頁。

＊34 *OR*, p. 200. 邦訳、三二四頁。

アレントは、非暴力抵抗の潜在可能性に注目し、すでに『人間の条件』のなかで「物質的に強力な支配者に対する民衆の反乱でも、その反乱が、たとえ物質的にはるかに優勢な実力に直面しても、暴力の使用を控えるならば、ほとんど抵抗しがたい権力を生み出す場合がある」[*35]と述べていた。アレントによれば、これは「受動的抵抗」と呼ばれているが、「最も積極的で効果的な活動方法の一つ」であり、「このような反乱に対抗できるのは、敗北か勝利に終わる戦闘ではなく、大量殺戮だけであって、その場合、誰も死者を支配することはできないから、勝利者でさえ敗北し、その功績は奪われる」のである。[*36]ここには、非暴力抵抗に対する冷静な認識があり、現実主義的な立場から非暴力抵抗を評価する理由が示されている。民衆の協力した活動から生み出されるのが権力の原義であり、本来の権力を、全体主義権力のように恐怖や教化をバネに上から生み出す服従を確保する力（垂直的な権力）ではなく、下から非暴力で生み出される力（水平的な権力）として、アレントは理解するのである。

*35 *HC*, pp. 200–201. 邦訳、三二三頁。

*36 *HC*, p. 201. 邦訳、三二三頁。

●権力論から非暴力論へ

アレントは、「暴力について」のなかで概念の区別に関わり、概念の違いを明確にしようとした。非暴力との関連では、アレントの権力と暴力の区別が重要である。区別するために、アレントは「暴力について」のなかで、暴力と権力を同一視してきた伝統的な権力概念を批判している。もちろん、権力が暴力的契機を内在していることは、全体主義統治権力についての彼女の分析にも見られる現象である。国家の最終的で究極の力は、被治者の生殺与奪を左右しており、国家が暴力手段を独占するから可能になる。

しかし、権力は暴力と明確に区別されねばならないというのが、アレントの確信である。アレントによれば、暴力は道具に依存し、拳銃でその場にいる人びとを脅かして服従させる拳銃強盗の場合のように、極端な場合には一人が全員に対して振るう場合でも成り立つのに対し、権力は支持する人間の数に依存し、「権力の極端な形態とは、全員が一人に敵対するもの」[37]である。「権力は、ただたんに行為するだけでなく、協

＊37 *CR*, p. 141. 邦訳、一三一頁。

同で行為する人間の能力に対応する。権力は、決して個人の所有物ではない。それは集団に属し、その集団が存続する限り存在し続ける」[*38]。つまり、暴力は道具に依存しているが、権力は「支持する人間の数に応じて[*39]」強まるという点に違いがある。

アレントは、このように権力を、暴力から切り離し、支持や同意に結びつけることによって、非暴力が生み出す権力の概念を明らかにしている。アレントによれば、暴力の反対は権力であり、非暴力ではない。権力は非暴力と結びついているので、「非暴力的権力という表現は、実際のところ、ことばの重複である。暴力は権力を破壊することはできるが、権力を生み出すことは絶対にできない[*40]」。つまり、現象的には、国家権力のように暴力を内在化している権力があるとしても、権力は、本来的には非暴力的だということである。実際にアレントは、非暴力運動が権力を生み出す有効な方法になりうるという議論を展開している。

というのも、「暴力について」の執筆当時、チェコスロヴァキアでは侵略軍に対して民衆が非暴力で対峙し[*41]、アメリカではベトナム反戦運動

＊38　*CR*, p. 143. 邦訳、一三三頁（訳文一部変更）。

＊39　*CR*, p. 140. 邦訳、一三〇頁（*The Federalist*, No. 49から）。

＊40　*CR*. p. 155. 邦訳、一四五頁（訳文一部変更）。

＊41　一九六八年八月、民主化を求める「プラハの春」という情勢のなかで社会主義体制の崩壊を恐れた、ソ連をはじめとするワルシャワ条約軍がチェコス

が盛り上がっていたからである。アレントはこれらの出来事に触発され、政治の基本的要件について考察したのである。彼女は「暴力は常に権力を破壊することができる。銃身から発する命令は最も効果的な命令であり、一瞬にして最も完全なる服従をもたらす[*42]」という冷徹な見方をする一方で、非暴力抵抗が抑圧された人びとを解放し、インドでのガンディー[*43]が率いた運動の場合に示されるように、自由を確立できるという歴史的事実も強調している。つまり、非暴力抵抗は戦略的な理由のためだけでなく、「非暴力の巨大な力」を生み出すことができるから重要だと認識していたのである[*44]。

アレントは、現代史のなかで非暴力抵抗の多くの事例を考察し、チェコスロヴァキアにおける一九六八年の非暴力抵抗の事例を「暴力と権力が純粋な状態で対決した典型的な事例である」と特徴づけ、また、もしガンディーの途方もなく強力な「非暴力抵抗戦略がイギリスではなく、別の敵──スターリンのロシア、ヒトラーのドイツ、さらには戦前の日本──と対峙していたら、結果は、植民地解放ではなく、大虐殺と屈服

ロヴァキア領内に侵入したことに抗議して民衆が非暴力手段で抵抗したチェコ事件を指している。

*42 CR, p. 152. 邦訳、一四二頁。

*43 Mohandas Karamchand Gandhi, 1869-1948. マハトマ・ガンディー（マハトマは「偉大な魂」という意味）として知られるインド独立の父。南アフリカとインドで非暴力不服従運動を組織し、創造的成果を上げた。

*44 *Hannah Arendt: For Love of the World*, p. 404.『ハンナ・アーレント伝』五五一頁。

であったことだろう」[*45]と述べている。しかし、重要なのは、暴力は勝利をもたらすかもしれないが、暴力は権力の基盤を弱体化させるので、代償は大きなものとなるという。暴力に依拠した支配は、公的自由や公的空間を破壊し、活動としての政治の条件を破壊してしまうから、政治の領域からできる限り暴力を排除していく必要がある。

現象としては権力と暴力は組み合わさって現れることも多いことは事実であるが、概念としてはこれら二つの用語の本質的特徴を区別しておくべきだということである。権力の基盤である信頼や協力の関係が人びとのあいだから失われ、無力感が広がれば、むき出しの暴力が支配する状況が生まれやすくなる。とはいえ、人びとの心のなかにある「自由への愛」を完全に消し去ることできないから、抵抗の可能性は常に存在する。アレントの権力論は、権力は人びとの同意に基づいており、人びとと信頼関係を築き、共生しているところなら、どこでも、いつでも発生しうることを示している。権力は、人びとの非暴力的な生き方と関係しており、人びとが暴力を用いずに協力した活動に支えられている場合、

*45　*CR*, p. 152. 邦訳、一四二頁。

マハトマ・ガンディー（Mohandas Karamchand Gandhi, 1869-1948）。

権力はより持続的で大きな力になるのである。

●「非暴力の力」の形成

アレントは、『革命について』のなかで「ミラボー[*46]がかつて言ったように、団結して行動する人が一〇人もいれば、一〇万人の人を身震いさせ、ばらばらにすることができるだろう[*47]」と述べているが、これは市民的抵抗にも当てはまることである。暴力革命や武装蜂起でも人びとの結束はあるが、非暴力抵抗や非暴力闘争の中核集団のほうがはるかに大きな力を生み出せるというのが、彼女の主張である。『革命について』には「遅発効果」があったというのも、一九六〇年代中頃から末にかけて政治理論に関心をもつ学生に幅広く読まれ、一九八〇年代には非暴力の市民的抵抗に関心をもつ人びとに読まれたからである[*48]。

アレントの非暴力論をもとに「非暴力の力」の形成を考えると、市民的不服従運動の場合、以下のような構造をもっていると思われる。①中核集団の形成――中心点は一人ひとりの人間である。市民的不服従運動

*46 Honoré-Gabriel de Riqueti, Comte de Mirabeau, 1749-1791. フランス革命初期の代表的指導者。雄弁で知られる。

*47 *OR*, p. 249. 同右、一七九頁（訳文一部変更）。

*48 *Hannah Arendt: For Love of the World*, p. 404.『ハンナ・アーレント伝』五三七頁参照。

は、個人の良心的抵抗から始まり、確信をもった個人がいれば、運動は強固になる。一人でも運動は成り立つが、法や政策に影響を与えるような市民権力を形成するには信頼し協力する人びとの存在が必要である。②参加者――デモやボイコットなどの共同行動への参加者を意味する。持続的に運動を展開していくためには組織化、すなわち、市民団体の結成が必要である。③支持者・共感者――社会的に注目されることによって、支持者・共感者の数が拡がる。ほかの運動についても言えることだが、外延を拡げていくことが重要である。もちろん、政府の権力も相似形としてこのような構造をもちうるし、これは政治運動・社会運動一般にも見られる現象だが、非暴力が中立的、無関心な人びとを支持者、共感者に変えていく力学が重要なのである。

とくに国家の法や政策に従わず、対抗権力を形成していく市民的不服従の運動にとって重要なのは、③の支持者・共感者の層を厚くすることである。外延の拡がりにとって決定的に重要なのが非暴力

図4　「非暴力の力」の形成

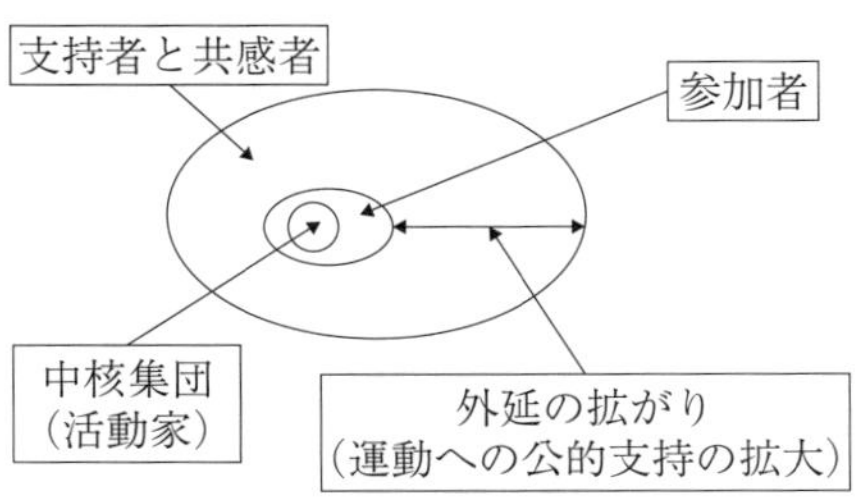

の選択である。非暴力手段による闘いによって支持と共感を得ることができる。一人ひとりの良心から発した行為が大きな力を形成していくことができるのは、非暴力抵抗や非暴力闘争という様式が市民に基盤を置く権力の発生に適合しているからである。

とはいえ、「非暴力の力」という概念自体は、二〇世紀前半から使用されており、その概念の誕生にはガンディーに率いられた非暴力運動の与えた影響が大きかった。これに対し、アレントの政治理論は、個人の自発性を重視し、対等な市民が生み出す力として権力を捉えるところに特徴がある。アレント自身、『共和国の危機』のなかに収められた「市民的不服従」（一九七〇年）という論文のなかで政治的結社のことをトクヴィルに依拠して「国家のなかに別の国家を構成する」行為と見ている[*49]ように、法や政策に同意できない場合は対抗権力をつくって対峙し、不正な法や政策を変更する可能性があることを示唆している。

権力の本質は暴力ではなく民衆の支持にあり、政府の権力は支持がなければ崩壊するという、アレントの認識は、ジーン・シャープ[*50]やマイケ

*49 CR, p. 95. 邦訳、八七頁参照。

*50 Gene Sharp, 1928-2018. アメリカの非暴力理論家。非暴力手段による闘いの有効性を高める戦略的非暴力の理論を構築した。

ジーン・シャープ。

ル・ランドル[*51]ら、非暴力の理論家に大きな影響を与えた。というのも、それは、団結した人びとが形成する権力によって圧政に対抗できることを示唆しているからである。逆に言えば、統治権力は民衆の支持を失えば弱体化し、独裁体制ですらその弱点を突けば、非暴力手段によっても打倒できるからである。アレントの権力論は、非暴力で革命や抵抗をなしうるという思想の一つの源泉となり、実際に一九八〇年代にフィリピンで始まり、韓国、東欧諸国などに広がっていった民主化運動、世界各地で起こった市民的抵抗や非暴力革命[*52]を支える理論的な基盤を提供してきたのである。

＊51 Michael Randle 1933- . イギリスの非暴力活動家、理論家。

＊52 nonviolent revolution. 非暴力手段による革命。一九八六年のフィリピン革命、一九八九年の東欧革命、二〇一〇－二〇一二年の中東革命は非暴力で行なわれた。

第四章

責任ある市民とは何か

1　アレントとアイヒマン裁判

●アイヒマン裁判の衝撃

一九六〇年にアドルフ・アイヒマン[*1]がイスラエルの諜報機関によって捕えられ、エルサレムに移送され、裁判を受けるというニュースを知ったアレントは、『ニューヨーカー』[*2]誌に自ら裁判の報告を書くという申し出を行なった。アイヒマンは、数百万人のユダヤ人を強制収容所に移送した高官であり、アレントはニュールンベルク裁判[*3]を傍聴できなかったので、ナチスの責任者を直接見る最後の機会であり、過去に対する責務だと考えたからである。こうしてアレントは、講義の予定をキャンセルしてまでして、一九六一年にアイヒマン裁判を傍聴し、『ニューヨーカー』誌に裁判報告を連載した。その報告は『エルサレムのアイヒマン——悪の凡庸さについての報告』(一九六三年、邦訳の副題は「悪の陳腐さについての報告」)として出版された。

＊1　Adolf Otto Eichmann. 1906-1962. ユダヤ人大量殺害の責任者の一人。エルサレムで裁判にかけられ、絞首刑に処せられた。

＊2　*The New Yorker.* アメリカで発行されている雑誌。ルポルタージュ、批評、エッセイ、詩、小説が掲載されている。

＊3　Nürnberger Prozess. 第二次世界大戦におけるドイツの戦争犯罪を裁いた国際軍事法廷。

アレントの報告は、ユダヤ人評議会[*4]のナチスへの協力を書き記したことから「アイヒマン論争」と呼ばれる激しい論争を巻き起こしたが、市民的抵抗の基盤になるのは何かを考えるための貴重な素材も提供している。アレントがユダヤ人評議会のナチスへの協力を書き記したのは、事実的真理の書き手としてであり、裁判の過程でこの問題が無視されてきたからである。ユダヤ人の協力については、論文「組織化された罪」や『全体主義の起源』のなかでも論じられていたのであり、アレントの姿勢は一貫していた。しかし、ユダヤ人大量殺害の責任者アイヒマンの裁判報告だったこともあり、激しい反発を招き、クルト・ブルーメンフェルト[*5]やゲルショム・ショーレムという、青年期以来のユダヤ人の友人との交友関係も途絶えることになった。アレントは、誹謗中傷に曝されたが、毅然とした態度を貫いたわけであり、彼女を主人公にした映画「ハンナ・アーレント」(二〇一二年)は、アイヒマン裁判の経緯をテーマにしている。一方で、アレントは『エルサレムのアイヒマン』のなかでナチスに抵抗した人たちのことも記しており、すべての人がナチスに協力

＊4　Judenrat. ナチス・ドイツ占領下の東ヨーロッパに設置されたゲットーの運営を任されたユダヤ人自治組織。

＊5　Kurt Blumenfeld, 1884–1963. ドイツのシオニスト。一九三三年からはパレスチナを活動拠点とした。

したのではないという事実のほうが彼女にとって重要だったのである。
とはいえ、どのようにして抵抗は可能になるのだろうか。その問題を良心と思考、良心と意志との関わりのなかで探ってみたい。

●立ち止まって考える習慣

アレントが衝撃を受けたのは、アイヒマンの「無思考性」(thoughtless-ness)＝思考能力の欠如に対してである。ここで言う無思考性というのは、何も考えていないということではなく、考え続けようとはせず、思考停止に陥り、型にはまったことしか言えないということであり、他者の立場に立って考える能力が著しく欠如しているということである。思考する人間は、**自分に起こったことを粘り強く考え続け、普遍的な問いに答えようとする**が、アイヒマンにはそのような能力と習慣がなかったということである。

『全体主義の起源』のなかでアレントは、「根源的な悪が、そのなかではすべての人間が同じように余計なものになる、一つのシステムとの関

映画「ハンナ・アーレント」(二〇一二年)の日本公開時のパンフレットEQUIPE DE CINEMA, No.196(二〇一三年一〇月)の表紙。写真は、アーレント役のバルバラ・スコヴァ。

連で現れてくるということだけは確認しうるのだ」[*6]というように、根源悪について言及していた。アレントは、この考えを棄てたわけではないが、アイヒマンの犯罪が邪悪な動機によってなされたのではなく、平凡な動機によってなされたことから「悪の凡庸さ」(banality of evil) と名づけ、悪の問題を人間精神との関連で捉えなおそうとした。つまり、アイヒマンのなかに思考能力の欠如という問題を見て取り、思考と良心の関わりについて深く考えるようになる。こうして、『精神の生活』として結実していく思索が続けられていくことになったのである。

アレントは、一九六四年のギャンター・ガウス[*7]との対談では、哲学者と呼ばれることに強く抗議していたのだが、一九七〇年代にはふたたび彼女の古巣である哲学に戻っていった。しかし、彼女が求めた哲学は「複数性の哲学」であり、政治理論を通過したあとでの哲学的思考であった。アレントは、哲学の前提としての「一《いっ》なるものの探究」や「一者性」(oneness) には与せず、人間の複数性に基づく哲学を求めたのである。そのことによって、「新しい政治学」を構想したときのテーマである

＊6　*EU*, S. 942.

＊7　Günter Gaus, 1929–2004. ドイツのジャーナリスト。

「活動生活と精神生活の関連」という問題に対して彼女なりの答えを示そうとしたのである。その思索の旅は、彼女が一九七五年一二月四日、ニューヨークで心臓発作のため死去したため、終止符が打たれることになったが、精神生活に対する彼女の洞察は、われわれが責任ある市民として生きていくうえでの大きな導きとなるのである。

アドルフ・アイヒマン（Adolf Otto Eichmann, 1906–1962）。

2　市民的抵抗の精神

●権力への抵抗と服従

アレントは、アイヒマンのようにナチスの犯罪の巨大な歯車になってしまった人間がいた一方、『全体主義の起源』のドレフュス事件におけるピカールの行為を「ただ一人の義人だけで全住民の災禍を払いのけることもできるのだ」[*8]と言って称賛を惜しまないのは、ピカールは、参謀本部の要職にありながら、ドレフュスの無罪を主張し、そのことにより、危険な部署に左遷され、逮捕され、軍を追われ、勲章を奪われたが、こ

＊8　*EU*, S. 251. 邦訳(1)、二四〇頁。

れらすべてに「信じられないほどの平静さで堪えた」からである。[*9]

アレントによれば、「ピカールは英雄でも殉教者でもなかった。すべての健全な政治的共同体のなかには彼のような人間がたくさんいる。公的な問題について特別大きな関心を示さないが、危急のときには——ただし一分たりともそれに先んじてということはないのだが——立ち上がって、常日頃自分の日々の職務を果たすのと同じ自明のこととして祖国を救う人びとである」[*10]。ピカールは、「れっきとしたカトリック教徒で、きわめて前途有望であり、いやそれどころか疑う余地のない反ユダヤ主義を抱きながら、目的はあらゆる手段を聖化するということをいまだに理解するに至らなかった人間、社会的な所属や職業上の野心にはまったく動かされぬ良心をもった人間」[*11]であったから、範例的重要性をもつのである。危急のさいに忽然と現れるのがピカールのような義人であり、ピカールの行為は良心なしにはありえないのであり、アレントにとって行為を裏づける良心の問題はずっと念頭にあったと思われる。

アイヒマンは、このピカールとは正反対の存在である。「悪の凡庸さ

*9　*EU*, S. 252. 邦訳(1)、二九一頁。

*10　*EU*, S. 251. 邦訳(1)、二四〇頁。

*11　*EU*, S. 251. 邦訳(1)、二三九頁。

についての報告」という副題から明らかなように、『エルサレムのアイヒマン』でアレントが追究したのは、アイヒマンはなぜナチスによるユダヤ人の大量殺害に加担したのかという問題である。[*12] アレントによれば、アイヒマンは、精神異常者でも狂信的な反ユダヤ主義者でもなく、反対にユダヤ人を憎まない個人的な理由があった。つまり、彼の母方の親戚にはユダヤ人がいたし、ウィーンに住んでいたときにはユダヤ人の愛人がいたらしいということである。アイヒマンの論理によれば、彼がユダヤ人大量殺害に加担した唯一の理由は、ヒトラーの命令に従ったからである。第三帝国においてはヒトラーの命令が法としての力をもっていたから、彼は法に忠実な市民であった。アイヒマンは全体主義体制のなかできわめて「正常な」人間だった――精神科医たちは彼を「正常」と鑑定し、「いずれにしても、彼を診察したあとの私自身よりも〈正常〉だ」とその精神科医の一人は感嘆したという。[*13]

しかし、アレントはこの「正常さ」に潜む問題を摘出している。つまり、判事たちや精神科医が「正常」と感じていたのは、彼が型にはまっ

＊12　藤原修「国家的重大犯罪に関する法・政治・哲学的考察――ハンナ・アーレント『エルサレムのアイヒマン』を手掛かりに」『現代法学』第三六号（二〇一九年二月）は、『エルサレムのアイヒマン』におけるアレントの議論の先見性・普遍性を明らかにしている。

＊13　*EJ*, p. 26. 邦訳、三五頁参照。

た文章の繰り返ししか言わなかったことに対してである。アレントは、「警察の取調官に、あるいはまた法廷でしゃべっているときでも、彼の述べることは常に同じであり、しかも常に同じことばで表現した。彼が語るのを聞いていればいるほど、この話す能力の不足が思考する能力——つまり誰か他の人の立場に立って考える能力——の不足と密接に結びついていることがますます明白になってくる」[*14]と述べている。アイヒマンにおいて思考する能力の欠如が思考し続ける習慣の欠如によるものだとしたら、思考という精神活動自体が悪をなさしめない機能を果たすのではないかという問いが、精神生活の政治的意味についてのアレントの晩年の研究につながっていくのである。

アイヒマン裁判を傍聴した際にアレントが考えたのは、はたしてアイヒマンが「良心のやましさ」を感じていなかったのかどうか、ということである。アイヒマンは「良心の問題については、命ぜられたこと——数百万の老若男女を熱心に、しかもきわめて周到細心に死に向かって送り出すこと——をしなかった場合にのみやましさを感じたであろう」[*15]と

*14 *EJ*, p. 49. 邦訳、六九頁。

*15 *EJ*, p. 25. 邦訳、三五頁。

はっきり意識していたと言うが、これはにわかには認めがたく、ヒトラーの命令を内面律とすることによって、すなわち「法律は法律であり、そこには何らの例外もありえない」と信じ込むことによって彼の心にわずかなりとも残った良心を沈黙させていたとアレントは理解する。[*16]

全体主義体制下では、圧倒的大多数の住民は「殺したくない、盗みたくない、自分らの隣人を死におもむかせたくない」、悪の共犯者になりたくないという「良心の声」を聞いたに違いないが、その声を押し殺すことを学んでいたのである。[*17] しかし、「良心の声」に基づいて行動した人びとも少数だがいたことを、アレントは明記している——戦争末期に二人の農民少年が、SS（ナチス親衛隊）に入れられたが、署名を拒んだため死刑を宣告され、処刑の日に家族に宛てて「僕たち二人は、あのような重荷を心に負うくらいなら死んだほうがよいと思います。SS隊員がどんなことをしなければならないか僕たちは知っています」と書いたこと、ミュンヘン大学の学生のショル兄妹がヒトラーを「大量虐殺者」という真の名で呼んで抵抗の意志を表したことがあげられている。[*18] この

*16 *EJ*, pp. 136-137. 邦訳、一九二頁参照。

*17 *EJ*, p. 150. 邦訳、二〇九―二一〇頁。

*18 *EJ*, pp. 103-104. 邦訳、一四六―一四七頁。

ように恐怖の条件下でも屈従しない人びとが少数でもいた事実こそが、重要なのである。

●「隠された罪」の問題

では、何が悪を思いとどまらせるか、不正に与しないようにさせるかということについて、アレントは、『エルサレムのアイヒマン』と同年に公刊した『革命について』のなかで「隠された罪」の問題として論じている。「隠された罪」の問題というのは、「誰によっても目撃されず、当人以外は誰にも明らかでないままになっている犯罪行為[*19]」があるのかどうかという問題である。つまり、ほかの誰にも見られていないところで犯した不正は犯罪とならないのかという問題である。この問題は、ソクラテスとニッコロ・マキアヴェリ[*20]を悩ました問題だったが、マキアヴェリの場合は、道徳的教義はすべてを見通す神の存在を前提にしているから「隠された罪」はありえないことになるが、ソクラテスの場合は、行為者と目撃者が同時に同一人格のなかに含まれているという「非凡な

*19 *OR*, p. 98. 邦訳、一五一頁。

*20 Niccolò Machiavelli, 1469-1527. イタリア・ルネサンス期の政治思想家。人間性を直視し、政治と倫理を切り離し、現実主義的に政治を考察した。

発見」によって解決されることになる。
「近代的な個人の同一性とは対照的に、この人格の同一性は単一性《ワンネス》によってではなく、一者のなかの二者《トゥー・イン・ワン》の絶えざる往復運動によって形成される」のであり、思考の対話のなかで、すなわち「私と私自身の対話」のなかで、つまり、行為者である「私」と目撃者である「私自身」が絶えざる対話をする状態のなかで、「私自身」という「逃れることのできない目撃者を自分の内部にもっている」ということが決め手になるのである。[*21] アレントは、「彼がどこへ行こうと、どんなことをしようと、彼は自分を見ている者をもつ。そして、それはその他の目撃者と同じようにそれ自身、自動的に法廷となり、のちに良心と呼ばれるようになった裁きの場所となる。こうして隠された罪の問題に対するソクラテスの解答は、人間によって行なわれ、しかも〈人びとと神々に知られていない〉でいられるような行為は何一つないということであった[*22]」と述べ、ソクラテスの解答の側に立ち、神に依拠しないでも良心が形成されうることを示唆している。

*21 *OR*, p. 98. 邦訳、一五二頁。

*22 *OR*, p. 98. 邦訳、一五二頁。

●「一者のなかの二者」

アレントは、「思考」をテーマにした『精神の生活』の第一巻で、思考と良心との関係を深く掘り下げていくことになる。アレントの省察によれば、思考は人間が自らの確信に矛盾せず生き、悪をなさないようにする能力である。それが生きいきと生きることを可能にするのである。アレントは、ソクラテスとカントの批判的思考を結びつけて、自分自身に矛盾せず、一貫して生きることを可能にするのは思考の作用だとしている。とくにソクラテスが重要なのは、思考活動そのものに意味があることを体現しているからである。思考は生きていることに付きまとう活動であって、正義、幸福、徳のような普遍的概念に関わり、人生において起こったことは何でも対象にできることを示しているからである。[*23]

思考は思考過程そのものに本質があり、「ペネローペーの糸」を手繰るように果てしなく続くが、[*24] 思考の対象となるのは、経験した事柄であるとともに、美しいもの、正しいことである。推論や正当化のためではなく、普遍的認識を求めて思考するということである。「一者のなかの

＊23　*LM* 1, p. 178. 邦訳（上）、二〇六頁参照。

＊24　オデュッセウスの貞淑な妻ペネローペーは、夫が遠征で留守のあいだ求婚者に対して織り終われば求婚に応じると言って、昼間は織り、夜はそれをほどいて三年を過ごし、その申し出を断った。

二者」、すなわち「私と私自身の対話」のなかで要請されるのは、自分自身と矛盾せずに正しく生きることであり、この思考過程をもつことによって、行為者として自分の崇高な信念や価値と矛盾することは自己の分裂につながり、常に良心の葛藤に責め苛まれるのである。

「私と私自身の対話」において「私自身」が良心の機能を果たす。「私」は行為者としての自己であり、「私自身」は内面の法廷である。しかし、この「私自身」も社会的に自我形成されていくのであり、道徳律を内面化していくと、「良心の命令」や内面規律権力のように機能することもありうる。したがって、道徳意識は自己形成的でなければならず、絶えざる思考の過程が重視される所以である。

●良心概念の二重性

アレントは、『責任と判断』に収録された「道徳哲学のいくつかの問題」のなかで、良心には自分自身に矛盾せずに生きるというというソクラテス的な意味にのちに道徳律としての意味が付け加わり、概念の二重

図5　「一者のなかの二者」のイメージ図

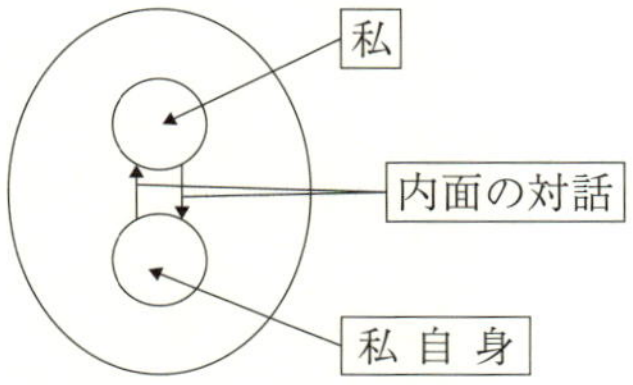

性が生じていると指摘している。英語では意識（consciousness）と良心（conscience）と分けられているが、フランス語では意識と良心には同じ単語（conscience）が当てられているように、良心には「認識する意識」と「道徳的規範」という二重の意味がある。要するに、自己意識から道徳律へという言語変化を経て概念の二重性が生じたのだが、アレントは、ソクラテス的な意味での良心概念のほうに重点を置いている。というのも、道徳律を内面化した場合、あるいは、カントの道徳律のような場合、「汝なすべし」「汝なすべからず」というように、良心は命令形で機能する（この場合、「さもなくば」罰せられるという脅しが控えている）が、ナチス体制に非協力を貫いた数少ない人びとは、義務感から行動したのではなく、「私にはできない」という決意によって協力しなかったからである[*25]。つまり、社会の規範に従ったのではなく、自己形成した道徳意識によって非協力を選んだのである。

道徳律の場合は「良心の命令」となるが、自己意識の場合は思考過程が重要になってくる。『精神の生活』のなかで良心が思考との関連で取

*25 *RJ*. pp. 76–79. 邦訳、一二六–一三一頁参照。阿部里加「良心を自動的にはたらかせないための「躓き」としての無能力――アーレントとヤスパースのアウグスティヌス解釈」（『ショーペンハウアーと実存思想』〈実存思想論集〉XXXIII（第二期第二五号）、二〇一八年七月）は、アレントのアウグスティヌス研究以来のテクストに即して良心と意志の関係を明らかにしている。

り上げられているのは、思考過程そのものが不正をなさせしめない力があると考えられるからである。これに対し、意志は、どのような行為であれ、行為を命令する内面の力にもなりうるので、『精神の生活』第二巻の意志論では、アレントは、むしろ命令につながらない意志の機能を追求し、意志を自発性として、すなわち新しいことを始める能力と意味づけている。[*26] しかし、非行動、すなわち同調して行動しないという選択も一つの意志作用であり、熟慮した結果であり、「私にはできない」という意志に基づく受動的抵抗は、積極的な意味をもちうるのである。

とはいえ、市民として生きるということは、自己への配慮ではなく、世界に対する責任を自覚して生きるということである。市民とは、世界への配慮をもった人間であり、よき人間が市民として正しく生きられる健全な社会を形成し、維持していく必要があるということである。政治的行為の前提になるのは、「精神の生活」であり、「立ち止まって考える」思考の習慣であるとともに、どのような状況のもとでも良心にやましいことはしないことであり、そのためには意志の力が必要である。

*26　*LM* 2, p. 110. 邦訳（下）、一三四頁参照。

道徳律は国家によって変えられてしまうこともありうるので、道徳意識を自己形成し、自分自身に誠実に（一貫して）生きようとした人間がいちばん信頼できると、アレントは考える。アレントによれば、正しく生きる、よき人間は、知的能力とは関係なく存在する。「よき人間」がそうであることが明らかになるのは危急の場合だけであり、そのようなときに彼らは「どこからともなくあらゆる社会階層から忽然と現れる」[*27]のである。

市民として正しく生きることができるのは、常日頃から自分に矛盾せず、誠実に生きている人間である。そのような人間を育むのが、自由の気風に満ちた市民文化である。市民的自由を育む市民文化が形成されていることが、市民的不服従や市民的抵抗の条件になり、全体主義的権力や圧政、不正や人権侵害に抵抗することを容易にし、市民的権力の形成を可能にすると考えられるのである。

アレントは、活動しない生活よりも思考しない生活のほうが耐えられないと考えていたようである。政治に参加するのは義務ではなく、自発

*27 *CR*, p. 65. 邦訳、六〇頁。

性に基づいた行為である。精神の生活をもつことが、責任ある市民であるための条件である。アレントにとって市民のモデルは、指導者であり将軍であったペリクレスではなく、市井の一人として対等な立場でほかの市民と対話し、交流した哲学者だったソクラテスである。その交流の場がポリスと家政の中間領域であり、健全な政治社会を形成するためには、ソクラテスが行なったような市民的実践が不可欠なのである。

ソクラテス（Sōkratēs. 前469頃-399）。

3　市民としての責務

●赦しと約束の力

アレントは、「意志」をテーマにした『精神の生活』の第二巻では、意志を自発性や「選択の自由」と結びつけて論じている。意志に対するアレントの態度は、アンビヴァレントである。意志は、未来に向かう能力であり、新しいことを始める力の根底にあるとする一方で、意志には命令する力があり、主権概念のように一つの意志にまとめていくことには批判的なばかりか、主権概念は彼女の政治理論に占める場所はない。

　しかし、人間の内的能力としての意志が自由と両立するのは、自分ができることを他者との信頼関係のなかで追求していく場合である。思考する人間は、決して孤立した市民ではなく、他者と協力して活動する市民である。しかし、未来は不確定であり、人間の活動には不可逆性（元に戻せないという性格）と予言不可能性（結果が予測できないという性格）が付きまとっているので、それを克服する原理が必要だと考えていた。それが「赦しと約束の力」である。

　アレントは思考作用と良心を結びつけたが、思考する習慣をもった人間が絶対に誤りを犯さないということではないだろう。とっさに判断を要する場合もあるし、大きな圧力のなかで行為を強いられる場合もあるからである。もちろん、道徳的判断には「人を殺してはならない」というような必ず守らないとならない規範もあるが、一度行なってしまった行為には元に戻せないという性格がある。この点について、アレントは『人間の条件』のなかの「活動の不可逆性と赦しの力」という章で、「自

ハンナ・アレント（一九六三年、ニューヨークにて）。

分の行なった行為から生じる結果から解放され、許されることがなければ、私たちの活動能力は、いわば、たった一つの行為に限定されるだろう。そして、私たちはそのたった一つの行為のために回復できなくなるだろう。つまり、私たちは永遠に、そのたった一つの行為の犠牲者となる[*28]」と論じている。

　ここで想起されるのは、ジャン＝ジャック・ルソーが職人としての徒弟時代にリボンを盗んだ自分の罪を同じ使用人のマリオンという少女に帰せるが、この罪を生涯悔やみ道徳意識を形成していった[*29]のとは対照的に、夏目漱石の『こころ』は、主人公の「先生」が同じ女性に思いを寄せる友人の信頼を裏切り死に至らしめたことを悔やみ、自己嫌悪の念からついには自殺してしまうという話である[*30]。この対比からわかるのは、人間誰しも誤ることはあるが、過ちを反省し、ふたたび過ちを犯さないように、自己を振り返り、良心を形成していくことができるということである。これらには政治的含意はないが、アレントによれば、政治的な意味をもつナザレのイエス[*31]の場合でも、赦しは神によってなされる前に、

*28　*HC*, p. 237. 邦訳、三七二頁。

*29　ルソー／桑原武夫訳『告白（上）』（岩波文庫、一九六五年）一二一―一二五頁参照。

*30　夏目漱石（一八六七―一九一六）の小説『こころ』のなかで「先生」が悔いたのは、決定的な場面で良心が沈黙してしまったことに関してである（夏目漱石『こころ［改版］』（新潮文庫、一九六八年）二九六―二九七頁参照）。

*31　Jesus of Nazareth. 歴史

「人間がお互い同士赦し合わなければならないのである」[*32]。赦しの対極にあるのが復讐（報復）であり、報復は報復の連鎖という行為の自動過程に巻き込まれてしまうので、人間が活動するには「復讐からの自由」が必要だということである[*33]。

一方、結果が見通せない、活動の不安定性は、「約束をする行為」によって部分的には解消されるという。活動の不可逆性・予言不可能性は残るとしても、よりよき未来を開いていくためには約束の力が必要だということである。政治的に言えば、協定や条約を不可侵としたローマ法に遡る原理だが、活動の予言不可能性は、①人間の行為は「人間精神の暗闇」から生まれる、②対等者のあいだでなされる共同行為の結果は予測できない、という理由で説明されるが、これは「複数性とリアリティ」に対して支払う代償、すなわち、他者と共生することに対して支払う代償であり、完全に拭い去ることはできないという[*34]。むしろ、未来に何が起こるのか楽しみにしましょう、という思いがアレントにはあるが、それでも社会を制作のイメージでつくり変えるのでないとしたら、対等

上のイエスを指すことば。キリスト教ではイエス・キリストと呼ばれる。「ナザレ」はイエスが少年期を過ごした町。

＊32 *HC*, p. 239. 邦訳、三七五頁。

＊33 *HC*, pp. 240-241. 邦訳、三七六―三七七頁。

＊34 *HC*, p. 244. 邦訳、三八一頁。

な立場で行なう「約束の力」が未来の方向を指し示すことになる。

アレントは、「市民的不服従」のなかで「私が自らに課すことのできる唯一の責務は、**いついかなるときでも私が正しいと思うことをなすこと**である（The only obligation which I have a right to assume, is **to do at any time what I think right.**）[*35]」というソロー[*36]の有名なことばを「わたしが、市民として自らに課すことのできる唯一の責務は、**約束をし、約束を守ること**である（The only obligation which I *as a citizen* have a right to assume is **to make and keep promises.**）」と言い換えている[*37]のは、約束が命令-服従に代わる唯一の能力だからである。これを政治的共同体に当てはめたら、自ら同意し作成した法や合意したことには従うが、同意できない法や政策には不服従するという、水平的な意味での同意に当たる。

●真理ではなく意見が重要なわけ

アレントの『精神の生活』は、未完のまま終わり、第三巻に予定されていた「判断力」は草稿も残されておらず、死後出版された『カント政

＊35　Henry D. Thoreau, "Resistance to Civil Government" (1849) in *Reform Papers*, edited by Wendell Glick (Princeton University Press, 1973), p. 65.

＊36　Henry David Thoreau, 1817–1862. アメリカの思想家、随筆家。一八四六年に、奴隷制度とメキシコへの侵略戦争に抗議して、人頭税を支払わなかったため、一夜だけ投獄されたが、これは、自らの行為の正当性の自覚に基づいて法に違反した行為であったので、市民的不服従と呼ばれた。その前提となる道徳意識の確立は、主著『ウォールデン』（一八五四年）で表現されているように、自然のなかで瞑想をとおしてなされた。

＊37　*CR*, p. 92.

治哲学の講義』（一九八二年）はニュースクールで一九七〇年秋学期に行なった講義原稿を死後出版したものである。アレントのこれまでの著述のスタイルから見て、カントだけに寄りかかって判断力論を著すことはなかったと思われるが、カントの『判断力批判』に依拠する部分が大きかったことは確かである。しかし、アレントは、カントを自由に解釈していたのであり、判断力についてのアレント自身の思想を探っていきたい。

　アレントは、思想家や指導者の指導によって社会をつくり変えていくのではなく、多くの人びとの同意によって政治的決定をなすべきだと考えていた。政治哲学の伝統は、哲学者が政治に煩わされないで真理探究するための処方箋を示すための理論であり、政治嫌いの哲学者が政治について書いた構想であった。また、政治から離れて正しい政治秩序について思索し、真なる認識に達したら、それを実現するために、プラトンのように王の助言者になるか、マルクスのように綱領や宣言を書くかたちで政治に再接近する。これは、アレントに言わせれば、哲学者の職業

イマヌエル・カント（Immanuel Kant, 1724–1804）。

病のようなものであり、単一の真理の探究という哲学に由来する誤りである。というのも、哲学的真理を絶対的真理として政治的領域に持ち込むと、真理の強制力によって自由は窒息してしまうからである。一つの真理しかないとしたら、議論の必要はなくなってしまうであろう。政治の世界から真理の強制力は排除しなければならないというのが、アレントが市民に課す責務である。

このような文脈でアレントは、哲学者によって「臆見」として蔑まれてきた「意見」を正当に評価している。「意見」(doxa) とは、古代ギリシアでは「私にはこう見える」(dokei moi) ということを意味し、ポリスの生活のなかで同一の対象について語り合い、ギリシア人は語り合いのなかで「われわれが共有している世界がたいてい互いに異なった無数の立場から眺められており、それに応じてこの上なく多様な見解があることを発見した」[*38] ことが重要なのである。アレントは、人間相互間の領域に唯一の真理を持ち込んだら、心理的強制力によって絶えざる意見交換、語り合いに終止符が打たれてしまい、友情が損なわれてしまうから、レ

*38 *BPF*, p. 51. 邦訳、六六頁。

ッシングが反対したことを積極的に評価している。

アレントによれば、「レッシングは、古来――少なくともパルメニデス[*39]とプラトン以来――哲学者を悩ませてきた問題、すなわち真理は、それが表明されるやただちに多数意見のなかの一つに変形され、議論され、再定式化され、他の人びとのあいだでの語り合いの一主題に引き下げられてしまうということをむしろ喜んでいました。レッシングの偉大さは、人間世界の内部では唯一の真理は存在しえないという理論的洞察をもっていたということだけにあるのではなく、それが存在しないことを喜び、したがって人びとのあいだの無限の語り合いは、いやしくも人間が存在する限り決して終わることがないであろうということを喜んでいたことにもあるのです。唯一絶対の真理がありうるとするなら、それはあらゆるこうした論争が死滅することになるでしょう。ドイツ語圏におけるあらゆる論争の元祖であり師であったレッシングは、こうした論争のなかに安らぎを感じ、またそのなかで最大限の明晰さと明確さを発揮していました」[*40]。各人が正しいと思うことを語ればよいのであって、哲学者も

*39　Parmenidēs, 前500/475-?. 古代ギリシアの哲学者。感覚よりも理性に信を置き、真の存在は不変だと考えた。

*40　*MDT*, p. 27. 邦訳、五〇―五一頁。

一人の市民として対等な立場で議論し合わなければならないということである。

●事実的真理の擁護

一方で、アレントは事実的真理の擁護者でもあった。アレントは事実的真理の語り手として『エルサレムのアイヒマン』を著したのであり、不当に無視されていたユダヤ人のナチスへの協力に言及したため、「アイヒマン論争」と呼ばれる激しい論争に巻き込まれることになる。アレント自身は、彼女が報告した事実に対する反論としてなされた「驚くほど多くの嘘」に答えようとして「真理と政治」(一九六八年)という論文を書いているが、[*41] 論争のなかでレッシングのようにくつろいでいたわけではないであろう。

語り合いや論争においてくつろいでいられなくなるとしたら、それは人間が嘘をつくことができるからであり、嘘によって事実を否定することができるからである。アレントは、すでに『ラーヘル・ファルンハー

*41 *BPF*, p. 227. 邦訳、三〇九頁。

ゲン』のなかで「事実など私にとってどうでもよいことです」というラーヘルのことばを引いて事実は嘘によって、あるいは現実をつくり変える[42]ことによって否定できることを示唆している。彼女は、「真理と政治」のなかでは嘘には事実を捻じ曲げる強力な力があり、組織的に用いられるとかなり強固であることを認める一方で、「嘘を語る可能性には際限がない。そしてこの際限のなさが自滅を招く。一つの嘘に身じろぐこともなく一貫して固執できると考えるのは、一時的に嘘を語る者だけである[43]」と、嘘をつきとおすことには無理があるとしている。

アレントが言う事実的真理とは、たとえば、「地球は太陽のまわりを回転している」とか「一九一四年八月にドイツはベルギーを侵略した」というような言明であり、ひとたび事実として確定したら、合意の必要もないし、論争や意見によって左右されないものである[44]。つまり、議論の余地はないということである。

それに対し、哲学的真理とは、「不正を行なうよりも不正をこうむるほうがよい」という『ゴルギアス』におけるソクラテスの言明が例とし

*42 *RV*, S. 22. 邦訳、二一頁参照。ラーヘルは、ユダヤ女性に生まれたという事実は、貴族との結婚、改姓、キリスト教への改宗によって否定できると考えた。

*43 *BPF*, p. 257. 邦訳、三五一頁。

*44 *BPF*, p. 240. 邦訳、三三五頁。

てあげられているが、ソクラテスは、これは言うだけでは説得力を欠いていることを知っていた。だから「彼は、アテナイの法廷の前に姿を現したときではなく、死刑を逃れるのを拒否したとき、範例を示そうと決意したのである。そして実際、この範例による教えこそは哲学的真理が濫用や歪曲なしに果たしうる唯一の〈説得〉の形式である。さらに、哲学的真理が範例というかたちに表されることができる場合にのみ、哲学的真理は〈実践的〉となり、政治の領域の規則を犯さずに行為を鼓舞できる」[*45]というのが、アレントの解釈である。

アレントは事実の真理と理性の真理という分け方をするが、これらに科学的真理を付け加えることもできるだろう。科学的真理については、アレントは多くを語っておらず、事実的真理と重なる部分も多いが、基本的には、真理に近づくための暫定的な解であるという性格をもっており、論争や批判に開かれている。科学的議論は、よりよい認識に到達しようとしている点で、討論や語り合いと共通する部分が大きい。

ソクラテスが哲学者であるとともに市民であったように、政治におい

＊45 *BPF*, p. 247. 邦訳、三三七頁（訳文一部変更）。

て真実が重視されねばならないのは、真理のこれらの三側面を市民が追求していかねばならないということを意味している。各人が正しいことを語り、説得し説得されるという対等な関係のなかでより正しい決定に近づいていく責務を負っているということである。

●判断力の役割

世界が賭けられている政治においては、各人が正しいと思うことを語り、間違っていると思うことには異を唱えることが重要なのだが、内的能力のなかで思考と活動をつなげていく役割を果たすのが判断力である。というのも、意見は討論や意見交換によって形成されていくのであり、判断力は意見形成において重要な役割を果たすからである。

アレントがカントの『判断力批判』にカントの政治哲学が隠されていると考えたのは、一九五〇年代後半のことである。アレントは、一九五七年にヤスパースに宛てて「いまは『判断力批判』を読んでいて感激は高まる一方です。ここにこそカントの真の政治哲学が潜んでいます。

カール・ヤスパース（Karl Theodor Jaspers, 1883-1969）。

『実践理性批判』にではありません[*46]」と書いているように、『判断力批判』の政治的含意を明らかにすることが、彼女の仕事になる。

カントの場合、判断力は、「拡大された思考様式」と呼ばれるように、他者の立場に立って考える能力である。アレントは、判断力を、意見交換のなかで、他者の意見のなかに「部分的真実[*47]」を見つけ、自分の意見を濾過していく能力として捉えなおしている。「〈われわれが自分の思想を伝えまた彼らの思想をわれわれに伝えるべき他の人びとと、いわば共に考える〉ことのうちにこそ、われわれの思考の〈正しさ〉の唯一の保証がある[*48]」というように、判断力は、他者と共に考える能力であり、政治を人びとの日常的な営みとすれば、政治的能力にほかならないのである。

判断力は、アレントが言う「代表的思考」と密接に結びついている。代表的思考とは、そこにいない人びとの観点を「自分の心に現前させることで意見を形成する」、すなわち、私は彼らを再現前化《リプレゼント》（代表）することによって意見を形成する内的過程である[*49]。これは、人数を数えて多数

*46 *AJ*, S. 355. 邦訳(2)、一〇四頁（一九五七年八月二九日付、訳文一部変更）。

*47 アレントは、ドイツ語で行なった講演「真実と政治」のなかで判断力を「あらゆる見解のなかに部分的真実を発見する能力」と規定している（Hannah Arendt, "Wahrheit und Politik," in: C.F. v. Weizsäker, *Die politische Verantwortung der Nichtpolitiker* (Piper, 1964), S. 165. ハンナ・アレントほか／山口定・丸山敬一訳『非政治的人間の政治責任』（福村出版、一九七二年）二〇五頁）。

*48 *BPF*, pp. 234-235. 邦訳、三一八頁。

*49 *BPF*, p. 241. 邦訳、三二七頁。

派に与するということではなく、不偏不党の立場で考えるということである。そのためには、私的利害から解放されていなければならない。アレントが政治と経済を原理的に区分するのはそのためである。また、思考と判断力がつながるのもこの代表的思考においてである。意見交換（討論）が重要なのは、説得し説得される過程をとおして「ある特殊な問題が開かれた場に引き出され、あらゆる側面からまた可能な限りすべてのパースペクティヴから示され、結局、人間の理解力のまったき光によって照らし出され透明なものにされる」[*50]からである。

判断力のこのような機能は、対等な立場での討論を経てなされる場合は、どのような状況でも発揮される。もちろん、利害の調整においては判断力の果たす役割は減じるであろうが、公正な決定を目指す政治本来の機能を高めるはずである。判断力は「特殊なものについて思考する能力」であり、思考とは一般化する能力であるのに対し、判断力とは特殊と普遍を架橋する能力である。[*51]思考はその場では見えないものを対象とするのに対し、判断力は個別のものを対象とすることが、決定的な違い

＊50 *BPF*, p. 242. 邦訳、三二九頁。

＊51 *LK*, p. 76. 邦訳、一一七頁。

である。思考の対象となるのは美しいものであり、醜いものは対象とならないので、美的判断と道徳的判断は通底している。また、「何て美しいバラだろう」と言う場合、「すべてのバラは美しい、この花はバラである、それゆえ、このバラは美しい」という演繹論法によってではなく、個別のバラに対して言うのであり、判断力が対象とするのは個別具体的な対象である。*52

このような機能は、歴史的事象に対する判断力にも該当する。アレントにとって歴史は「出来事を物語ること」であり、歴史には終わりがないが、出来事には始まりも終わりもあり、忘却の淵に追いやられていた出来事を物語り、新しい息吹を与え、人びとの記憶の一部とすることができる。まさにアレントの『革命について』は、そのような想起のための物語であり、読者の感受性に訴え、新たな試みへと鼓舞する力をもった著書だと言えよう。

*52 *LK*, pp. 13-14. 邦訳、一三―一四頁。

●世界に対する責任

アレントがカントの判断力論から引き出した視点で重要なのは、市民には行為者と注視者（観客）という二面性があるということである。行為者としての市民は、領域的に限定された範囲でしか成り立たないが、注視者としての市民は世界の出来事に注目し、その動向に圧力をかけることもできる。カントがフランス革命の動向を注視したように、アレントも同時代の出来事に関心を寄せ、世界情勢の動向を憂慮していた。アレントは、「市民であるということは、何よりもまず責任と義務と権利をもつということであり、それらはいずれも領域的に限定されている場合にのみ、意味をもつ。カントの世界市民は、実際には世界観察者（Weltbetrachter）、すなわち世界観客であった。カントは世界政府が想像しうる限りでの最悪の専制政治になるであろう、ということをきわめてよく知っていた」[*53]と述べ、世界市民を世界観客の意味に限定している。

(1)世界観客としての役割

世界の出来事に行為者としてすべて責任をもたねばならないとしたら、

*53　*LK*, p. 44. 邦訳、六三頁（訳文一部変更）。

われわれは責任の重さで圧し潰されてしまうだろうが、注視者として事件の進行に圧力をかけることはできる。アレントは、世界市民という概念を批判しつつも、自覚的に世界に関わる地点を重視した思想家であった。アレントは、事実に依拠しながらも別様の可能性もあったという意識をもって、世界観察者として同時代の出来事に対峙し、著述家として世界の出来事に関与していったのである。

⑵行為者としての責任

行為者としての市民にとっての責任とは、とりかかった事業を最後までやり遂げることにある。しかし一人でやり遂げることができず、必ずほかの人びととの協力を必要とする。アレントは、その点についてギリシア語の二つの動詞archein（「始める」、「導く」、「支配する」）とprattein（「通り抜ける」、「達成する」）とこれに相応するラテン語の動詞agere（「動かす」、「導く」）とgerere（「担う」）に遡って、活動は二つの部分から成り立っていると説明している。すなわち、「第一が、一人の人物が行なう「始まり」であり、第二が、人びとが大勢加わって、ある企てを「担い」、

フランス革命の発端となったバスティーユ襲撃の様子。

「終わらせ」、見通して、その企てを達成する過程である[*54]」というように、イニシアティヴをとるのは一人ひとりの人間だとしても、活動は他者の協力がないと成し遂げることができない。始める能力は誰にでもあり、それは意志の働きであり、自発性に基づくものである。同時に、市民として活動するということは対等者の一人として協力して行為するということであり、「支配する」という意味ではない。各人が自分の人生の「主人公」(hero)であり、他者の助けを借りて公的事業を成し遂げるのである。

市民の責任が「世界に対する責任」を意味するのは、政治においては世界が賭けられているからである。それゆえ、勇気が行為者にとって最も重要な徳になるのである。アレントは、「政治においては、世界に対する配慮のほうが自分自身に対する配慮に優先するのである。このことは、ここで自分自身と言われているのがあなた方の身体であれ、精神であれ、同じことである」と述べ、「私は自分の精神以上に自分の生まれ育った都市を愛する」というマキアヴェリの言明は「私は自分の生活あ

*54 *HC*, p. 189. 邦訳、三〇五―三〇六頁。

るいは自分自身以上に世界とその未来を愛する」という言明の一つのヴァリエーションにすぎないと、マキアヴェリのことばを言い換え、自らの思想表現を行なっている。[*55]

このように、アレントは活動的生活と精神の生活を結びつけ、世界と未来に対して責任をもつ市民のあり方を示した。独居した精神の生活をもつことが、活動のために不可欠であり、思考、意志、判断力のどれが欠けても自由な活動は成り立たないと考えられる。歴史には終わりはなく、人類が続く限り、出来事が起こり、予言できないようなことを起こす潜在能力はすべての人にあると考えるべきである。完全な社会を求めるのではなく、よりよき社会を求め、自分が生まれたときよりもよりよい世界を残していくこと、これがアレントの言う世界への愛である。

*55 *LK*, p. 50. 邦訳、七三頁。

終章

あるべき政治のかたち

Arendt

1　政治概念の転換

●哲学への再接近

アレントの政治思想をとおして本来あるべき政治を探る本書の旅路も終局に来た。アレントは、二〇世紀のプラトンと言えるような大きな存在になりつつあるが、彼女自身は、政治哲学の伝統から学びつつも、それに対する批判的な姿勢を崩さなかった。彼女としては、むしろモンテスキューやトクヴィルのような、人間の政治的経験に即して考察した政治的著述家の列に自らを加えたかったようである。しかし、本書で示したように、アレントは、人間と政治について根源的な理解を示すとともに、自由とは何か、政治とは何かについて深い哲学的な思索を展開したので、プラトン、アリストテレス、ホッブズ、ロック、ルソー、J・S・ミルに比肩しうる大思想家と言ってもよいだろう。

もっとも、アレント自身が抱いていた哲学への反感は、晩年になると

モンテスキュー（Charles-Louis de Montesquieu, 1689–1755）。

和らいだようである。彼女は、講義やセミナーでカントやヘーゲルやマルクスをたびたび取り上げ、『精神の生活』のなかでは哲学史を振り返って自らの考察の対象としたからである。しかし、それは、単数性、一者性に基づく哲学の伝統を拒否した「複数性の哲学」と呼べるものだった。というよりも、彼女の意識には常に政治があったと言える。真理よりも意見を重視すること、精神よりも世界の出来事のほうに偉大さを求めたりすることもその現れである。

第四章では、「不正を行なうよりも不正をこうむるほうがよい」というソクラテスのことばを哲学的真理として引用したが、アレント自身は、政治として重要なのは、不正をなすか受けるかを比較考量してどちらかを選ぶということではなく、「こうした行為が行なわれない世界をつくり出すことだけなのです」[*1]と述べているように、むしろ**こういった状況に陥らないようにするにはどうしたらよいのか探究するのが政治学の役割**である。極限状態の想定から政治の本質を導き出すのではなく、日常的な人間の営みのなかに政治のあり方を探求しなければならないという

トマス・ホッブズ (Thomas Hobbes, 1588-1679) の代表的著作『リヴァイアサン』(一六五一年) の表紙。

*1 *RJ*, p. 93. 邦訳、一五四頁。

ことである。その場合、書物の文明が発生してから現在に至るまでに積み上げてきた歴史のなかで肯定的な側面を引き出し、発展させていけばよいのである。そのような前提のうえで、本来あるべき政治についてアレント的視点から何が言えるだろうか。

●支配から無支配への転換

アレントは、あるべき政治を求めたという意味において政治哲学者であった。あるべき政治とは、無支配の政治であり、職業政治家ではなく市民の営みとしての政治である。だとしても、無支配は、小共同体でしか可能でないのだろうか。アレントが称揚するイソノミアもギリシアの都市国家でしか見られない現象であった。しかし、カール・シュミット[*2]が民主主義の本質を「治者と被治者の同一性」に求めたように、民主主義は民衆による民衆の支配であるから、理念的には支配関係は非実体化しているわけである。実態として政党制や代表制は指導‐被指導の関係を前提とし、大組織においては寡頭制化していく傾向があり、ＮＰＯで

＊2　Carl Schmitt, 1888-1985. ドイツの公法学者、政治学者。自由主義、議会主義を批判し、『政治的なものの概念』（一九二七年）などのなかで、アレントとは対照的な意味で、政治の本質を見抜く理論的認識を示した。

も理事会に実質的な権限が集中している。したがって、無支配という理念は永遠に実現しないと思われるのも故なしとしない。

　しかし、逆に、家族、友人などの親密圏では対等な関係になりつつあるし、小さな規模の市民団体では対等な立場での成員相互の議論によって決定がなされている場合も多いと思われるので、無支配を非現実的として しりぞけることはできない。代表者を選ぶにせよ、戦争や委任独裁などによって彼らに生殺与奪の権を与えることがなければ、支配とは感じなくなるだろう。

　一方で、近代の立憲主義は、人の支配を法の支配に変える仕組みであり、法は誰に対しても平等に適用される。現実には、マクロな状況での民主主義は民衆が権力者を統制していくシステムとして機能させるしかないが、アレントが言うイソノミアはむしろ自分たちが生きる場において追求されるべきである。地域、市民組織、職場でいかに対等な関係を築き、民主的な市民自治を実現していくかという次元で捉えなおすべきである。国家や国際だけが政治ではなく、他者と共生するところではど

カール・シュミット。

こでも政治があり、話し合いと同意に基づく意思形成を実践していく必要がある。

アレントは国民国家の枠組みには反対したが、国家あるいは政治的共同体の必要性は十分認識していた。世界は多数の民族や言語によって構成されており、それが人間の生活に豊かさを保証するのだと考えていた。ユダヤ人問題については、同化を否定し、ユダヤ民族を「すべての民族と同じような民族」[*3]として正当に認められるべきだと主張した。とはいえ、民族とは「共通の敵の存在によって結合した人間集団」[*4]と認識するシオニズムの民族観には反対し、政治を友敵概念で捉えるのではなく、協力関係で捉えなおそうとした。このような政治概念の転換は、人間学的に基礎づけられており、アレントが求めた「新しい政治学」は人間を基底に置くものとなったはずである。

*3　VT, S. 71. 邦訳、七二頁。
*4　VT, S. 148. 邦訳、一五九—一六〇頁。

●政治の概念を拡げる

アレントの政治モデルは、あくまで公的領域に関わるものだが、政治を相互行為とみなしているので、親密圏や市民社会にも及ぼせるモデルである。アレントは、政治を生活の一部とする視座を提示しているのであり、対等な個人の相互行為はさまざま生活領域で見られる現象である。一方で、アレントは、始める者、すなわちイニシアティヴをとる者による指導をギリシアにおける活動概念のなかに読み取っている。また、公的空間に参加するのはあくまで個人の自発性によるものであり、評議会構想では人格的に信頼された者が代表として上位の評議会に送られることを想定している。したがって、平等と権威を両立するシステムを認めているので、重要なのは、それぞれの公的空間のなかで対等な立場で発言し行為しうるということである。

重要なのは、市民が直接参加できる公的空間をどのように国家レベル、あるいは地球レベルでの政策形成につなげていくかである。ここで注目されるのは、新しい市民社会の概念である。もっとも、アレント自身は、一九九〇年代以降の市民社会論を知る由もなかったのだが、一九五六年のハンガリー革命における労働者評議会の出現に注目し、一九五〇―六

いわゆる「東欧革命」の象徴とされる「ベルリンの壁崩壊」。写真は一九八九年一一月九日のブランデンブルグ門近くの壁の上の東西ベルリン市民。

〇年代にアメリカで現代社会の諸問題に触発されて起こった社会運動や学生運動のなかでの市民参加を称揚していたので、国家と親密圏の中間領域において市民が公的問題の当事者になる可能性があることに気づいていたと思われる。

ただ、アレントは政治と経済を原理的に区分していたので、中間領域を理論化できなかったのだが、彼女の政治概念を市民活動の政治理論として展開していくこともできるだろう。アレントは、公的空間を評議会制度に見られるように制度面と対ナチスの抵抗運動に現れた公的空間のように非制度面双方で考えていたが、現代的に言えば、市民団体のなかに見いだすこともできるであろう。市民団体を媒介にして市民は公的事象に関与し、マクロなレベルでの政治に影響を与えることができるからである。

もっとも、対等な関係性は市民社会だけではなく、企業や行政機関でも追求されねばならないとも言える。アレントは、自由と必然の区別と同様に、政治と経済を区別していたが、自由の条件として平等が確保さ

ワシントンのリンカーン記念堂前で演説をするマーティン・ルーサー・キング牧師。アメリカ公民権運動の指導的役割を担った。

れねばならないと考えていた。アレントは財産と富を区別し、世界に足場を確保するために財産は必要だと考えていた。したがって、アレント的視点からは、富の不平等を是正することよりも、対等な関係性を構築していくことが重要だということになる。貧困からの解放は技術の発展に委ねられるが、関係性としての平等の追求は自由の必須条件だからである。つまり、自由を発現させるには、すなわち人間が自由に生きていくためには、対等で非暴力的な生活様式をさまざまな場に叢生させ、政治を人間の営みとする必要があるということである。

2　よりよき世界を求めて

●生活様式としての非暴力

すでに明らかにしたように、アレントが再定式化した政治とは、非暴力的な生活様式の確立のための挑戦であった。アレントは、平和主義者や非暴力主義者ではないだけでなく、むしろ平和主義に対しても批判的であった。アレントによれば、戦後の平和主義は「戦争の体験からではなく、戦争への一般的不安から生じたのだ。現代の戦争の構造への不安に導かれ、その不安に動かされた洞察だったならば、現実性のない平和主義ではなく、すなわちそのもとでは人間が生きられないような状態を打ち破ること、このことを戦争の必要を認める唯一の基準として承認するという帰結に至ったはずである――そして、全体主義体制の収容所と拷問地獄をくぐってきた経験によって、われわれはそのような状態が存在する可能性をあまりにもよく知らされたのである」[*5]。つまり、アレントは戦争や暴力が肯定される状況がありうることを認める点で、すべての戦争に反対する平和主義には与していない。

それにもかかわらず、アレントの政治理論は、非暴力理論の展開にとって決定的に重要な視点を提供している。というのも、それは、もしわれわれが民主主義を根底的に捉えなおすなら、新しい型の民主主義は、非暴力民主主義であり、ふつうの人びととの生活と態度に基礎を置かねばならない、ということを示唆しているからである。アレントは、ことば

＊5　*EU*, S. 913-914. 邦訳(3)、二四八頁。

を暴力の対極に位置づけ、「政治入門」と題する草稿のなかでは暴力を「反政治」として規定しているのだが、『革命について』のなかでは、戦争のような極限状況や革命のような政治体の創設に暴力が含まれることを認め、とくに後者については「はじまりの暴力」という概念を提起したことはよく知られている。また、すでに述べたように、ことばには二面性があり、ことばが暴力的要素を含みうることは明らかであるが、アレントは、ことばの多義性にこだわり、政治や権力の根源的なあり方を探究した。アレントは、政治を目的実現のための手段とみなすと暴力が正当化されてしまうと批判し、政治自体を目的と考えたのであり、対等性と非暴力に基づく政治への転換を目指したという意味でも、政治哲学者であった。

戦争の克服についても、アレントは、戦争への不安を基点とするのではなく、戦争の構造についての理論的洞察から出発しないとならないことを要請し、現実主義的に思考する点で一貫していた。全体主義に対抗するには、反共主義が必要なのではなく、人種主義や無階級社会というような思想のフィクション性を暴いていくことが必要なのだと考えていた。アレントは『全体主義の起源』のなかでは全体主義の本質をテロルとイデオロギーに求め、全体主義権力を垂直的な命令系統で捉えたが、『人間の条件』や「暴力について」のなかでは権力は水平的な協力関係で規定し、非暴力と結びつけて理解した。本来あるべき政治と実際の政治とを分け、現実政治についてはその内在的論理を見極め、現象のなかから政治的事象の本質的契機を抽出していったから概念の二重性が生じるのである。アレントは、政治現象の捉え方としては、権力の暴力化を認める一方で、人間を基底に置く政治理論としては、自由に結合した人びとが水平的で非暴力的な権力を形成できると考えたのである。

要するに、アレント的視点から言えることとしては、あるべき政治とは、非暴力的生活様式のなかで、他者と協力して人間らしい生を営んでいく相互行為の様式にほかならないということである。二〇世紀の政治は全体主義という統治形態を現出させてしまった以上、全体主義化を抑制・阻止するためには、市民社会を強化し、水平的な権力の形成が不可欠だということである。

●対等性という原理

アレントが政治の基底に置いているのが、対等性という原理である。対等性とは、人間同士を支配－服従の関係に置かないことである。対等性が重要なのは、対等な立場が確保されていなければ、自由に活動することができないからである。アレントは政治を友敵関係で見ることを克服しようとした思想家であった。政治には闘争という側面があることは認めながらも、協力や同意を重視したのは、支配を排するということと大いに関係している。つまり、政治を闘争として捉えると、勝者の敗者に対する支配が導かれ、対等性の基盤が確保できないからである。

しかし、アレントは対等性を政治領域に限っている

ハンナ・アレント生誕一〇〇周年記念研究集会「隠された伝統――時代に合わないアクチュアリティ」（ベルリン、二〇〇六年一〇月五～七日）のパンフレット表紙。

ように見える。アレントの弱点は、『人間の条件』のなかでは社会を古代ギリシアの家政の延長線上に捉え、一様性、画一性によって特徴づけられると捉えていることにある。さらに言えば、大衆社会も近代社会と本質的に変わらず、全体主義の肥沃な土壌となると見ているところにある。アレントは、語源的な意味を重視するから、古代ギリシアには社会はなかったと考えるが、政治的共同体（ポリティケー・コイノーニア）は、現在で言う市民社会であり、ポリスとオイコスのあいだには公的領域（生活世界）としてのコイノス[*6]があり、この生活世界で市民は語り合い、交流していたと言える[*7]。

アレントは政治の原理は自由で、経済の原理は効率だと峻別しており、経済の領域に政治の原理をもち込むべきではないと考えていたようである。したがって、アレント的に言えば、経営評議会などは失敗を運命づけられていたことになるが、逆に、経済社会、親密圏にも対等性の原理をどのように及ぼすかを検討していく必要があるとも言える。アレントの言う対等な関係性は、市民社会において実現するとともに、経済社会

*6　koinos. 古代ギリシア語で「共同の」、「共通の」という意味。私的領域と政治的領域の中間領域を指し、「日常生活のレベルでの公的な領域」を意味する。

*7　桜井万里子『ソクラテスの隣人たち――アテナイにおける市民と非市民』（山川出版社、一九九七年）二四八―二五一頁参照。

のなかにも及ぼす必要があるということである。

●文明の転換に向けて

アレントの政治概念、権力概念は、理念的な意味を中核にしているが、それらに注目したわけは、そういった理念によってしか、現実を批判し、現実を向け変えていくことはできないからである。彼女の政治理論は、政治は本来どうあるべきか、ということと密接に関連している。それは、一人ひとり異なった人間が、対等な関係のなかで、新しい試みに着手していくこと、これまでにはありえないと思われていたことを実現する潜在可能性があること、すなわち、未来はすべての人間に開かれているということを強調している。この点において政治的行為は自発性や市民一人ひとりの構想力と結びついているのである。

アレントの議論を推し進めていくなら、暴力が政治の極限に潜むとしても、むしろ人間生活の常態は非暴力的であり、暴力を抑制し克服していくことは可能だと考えるべきである。権力や道具に内在する両義性に

最晩年のハンナ・アレント（一九七五年）。

注目し、正しい方向に向け変えていくために、イニシアティヴをとり、民族や国家を超えて協力することも可能である。たとえば、「戦争のない世界」「核のない世界」も実現可能な目標と考えていくことができる。対等性、多様性、非暴力という規範的観点から現実政治を批判的に捉えなおしていく必要があるのは、そのような意味においてである。アレントの政治理論は、人間が生きる場で、対等な人間関係を構築するとともに、道具や技術を人類的視野から再編していくなかで、よりよき世界を構築できることを示唆している。

アレントは、ことばの両義性を明らかにした思想家だったが、権力や道具の両義性も示唆していると解釈できる。それらの良い面は伸ばし、悪い面は克服していかねばならないということである。アレントがこだわった概念の区別には、政治の見方を根底的に転換するという意図が込められていたと見ることができる。つまり、政治や権力は本来どうあるべきかという問いには、現実を理念に向けて変えていく力があると言える。しかも、そういった問いは、市民一人ひとりが発すべきだということである。

　しかし、ここで理念というのは、社会の全面的改変を目指すものではなく、個々具体的な問題に即してよりよき世界を求めていくための原理である。長期的な視点に立って具体的な問題に対応していくこと、よりよき世界、人類社会のあり方を構想しつつ現実に働きかけることができるのは、すべての人間であり、政治的決定は多くの人びとの同意に委ねなければならない。

　人びとは、人間の複数性、対等性、非暴力という原理に基づいて集合的意思決定としての政治を担っていく必要がある。そのような政治の基点は、生活の場に求めるべきであろう。アレントの政治思想は、人間が生きる場で対等な人間関係を構築し、責任ある市民として生きるための勇気を与えてくれるのである。

ハンナ・アレント関連年表

	生涯	重要な出来事
一九〇六	一〇月一四日　ドイツ、ハノーファー郊外リンデンで生まれる。母マルタ、父パウルは社会民主党員でユダヤ人	
一九〇九	ケーニヒスベルクに転居	
一九一三	祖父マックス、父パウル、死去	
一九一四		～一八　第一次世界大戦
一九一七		三月　ロシア革命（二月革命）が起こり、帝政ロシア崩壊 一一月　社会主義革命（十月革命）
一九一八		一一月　ドイツ革命、各地にレーテ（評議会）が結成される

一九一九		一月　スパルタクス団の蜂起、ローザ・ルクセンブルク、殺害される 八月　ワイマール憲法制定
一九二〇	母マルタ、マルティン・ベーアヴァルトと再婚	一月　国際連盟設立
一九二四	～二八　マールブルク、フライブルク、ハイデルベルクの各大学で哲学を学ぶ	
一九二六	クルト・ブルーメンフェルトと出会う	
一九二七		ハイデガー、『存在と時間』出版
一九二八	一一月　カール・ヤスパースのもと『アウグスティヌスの愛の概念』で博士号取得（二九年に出版）	
一九二九	九月　ギュンター・シュテルンと結婚	一〇月　世界恐慌、始まる
一九三〇	ラーヘル・ファルンハーゲンの研究に着手（三八年に完成）	
一九三三	二月　国会放火事件を契機に反ナチス抵抗運動 七月　ベルリンでゲシュタポによって逮捕・拘禁される 八月　チェコ経由でフランスに亡命	一月　ナチス、政権掌握 二月　ドイツ国会議事堂放火事件 三月　アメリカでニューディール政策開始 四月　ハイデガー、フライブルク大学総長に就任

一九三五	～三八　ユダヤ人青少年パレスチナ移住支援組織で活動。パレスチナへの最初の訪問	九月　ドイツでニュルンベルク法（ユダヤ人の公民権を奪う人種差別法）制定
一九三六	ハインリヒ・ブリュッヒャーと出会う	～三七　フランスで社会主義政権 ～三九　スペインで人民戦線政府
一九三七	ギュンター・シュテルンと離婚	八月　独ソ不可侵条約
一九三八		一一月　水晶の夜（ドイツ各地でユダヤ人襲撃）
一九三九		九月　ドイツのポーランド侵攻によって第二次世界大戦勃発
一九四〇	一月　ハインリヒ・ブリュッヒャーと結婚 五月　フランスのピレネー山麓のギュルスの収容所に収容される	六月　ドイツ軍、パリ占領 八月　日独伊三国同盟 九月　ベンヤミン、ピレネー山中で自殺
一九四一	一月　ブリュッヒャーとともにフランスを出国、リスボンを経てアメリカに亡命 五月　ニューヨークに到着 六月　母マルタも到着	一二月　日本、真珠湾攻撃（日米開戦）
一九四二		一月　ヴァンゼー会議でユダヤ人問題の最終解決（大量虐殺）を決定

一九四三	アウシュヴィッツでのユダヤ人大量殺害を知り、衝撃を受ける	四~五月　ワルシャワ・ゲットーでユダヤ人が蜂起
一九四五	八月　論文「シオニズム再考」発表 ヤスパースと手紙による交流を再開	二月　ヤルタ会談 八月　アメリカ、広島・長崎に原爆投下。日本、敗戦 一〇月　国際連合設立
一九四六	~四八　ショッケン出版社で編集長を務める	
一九四七	~四八　パレスチナ二民族国家建設を唱えるユダ・マグネスのイフードに所属	一一月　国連総会でパレスチナ分割案、採択
一九四八	母マルタ、死去	五月　イスラエル建国。翌日、第一次中東戦争 六月　ベルリン封鎖
一九四九	八月「ユダヤ文化再興委員会」の仕事で戦後初めて六ヵ月に及ぶヨーロッパ訪問（翌年三月まで）。その間、ヤスパース夫妻に会いに二度バーゼルを訪れる	
一九五〇	二月　ハイデガーと再会	二月　マッカーシズム、始まる 六月　朝鮮戦争始まる
一九五一	『全体主義の起源』出版 一二月　アメリカの市民権獲得	

一九五二	ヨーロッパ再訪。マールブルク大学、ハイデルベルク大学で講演	
一九五三	～五六　プリンストン、ハーバード、ニュースクール・フォー・ソーシャル・リサーチ、シカゴの各大学で講義	三月　スターリン、死去
一九五四	ノートルダム大学で「哲学と政治」についての講義	五月　アメリカの最高裁が公立学校での人種隔離を違憲とするブラウン事件判決を下す
一九五五	春学期　カリフォルニア大学バークレー校で客員教授	～五六　モンゴメリー・バスボイコット運動
一九五六		一〇～一一月　ハンガリー革命 ～五七　第二次中東戦争（スエズ戦争）
一九五七		九月　リトルロック事件（アメリカのアーカンソー州リトルロックの高校で、黒人生徒の入学をめぐる暴動）起こる
一九五八	『人間の条件』出版	
一九五九	春　プリンストン大学で客員教授、「合衆国と革命精神」についての講義（『革命について』の原型となる） 九月　ハンブルク市からレッシング賞授与 『ラーヘル・ファルンハーゲン』出版	

一九六一	エルサレムで行なわれたアイヒマン裁判を傍聴 『過去と未来の間』出版	
一九六二	三月　交通事故に遭う（二ヵ月間療養）	一〇～一一月　キューバ危機
一九六三	～六七　シカゴ大学教授 『エルサレムのアイヒマン』『革命について』出版	八月　部分的核実験停止条約。ワシントン大行進 一一月　ジョン・F・ケネディ大統領、暗殺される
一九六五	秋　コーネル大学の客員教授	～七六　文化大革命
一九六七	～七五　ニュースクール・フォー・ソーシャル・リサーチ教授	二月　アメリカ、北爆（北ベトナム爆撃）開始 六月　第三次中東戦争（六日戦争）
一九六八	『暗い時代の人々』出版	～六九　チェコ事件（軍事侵略に対する民衆の非暴力抵抗）
一九六九	二月　ヤスパース、死去 三月　ヤスパースの葬儀で追悼の辞を述べる	
一九七〇	一〇月　夫のハインリヒ・ブリュッヒャー、死去	
一九七一	一一月　「政治における嘘」発表	六月　ペンタゴン・ペーパーズ（ベトナム秘密文書）を『ニューヨーク・タイムズ』紙、『ワシントン・ポスト』紙などが暴露

一九七二	『共和国の危機』（邦題『暴力について』）出版	六月　ウォーターゲート事件発覚
一九七三	春　スコットランドのアバーディーン大学のギフォード講座に招聘される。原稿は『精神の生活』として死後出版（一九七八年）	
一九七五	春　デンマークのコペンハーゲン大学からソニング賞授与 一二月四日　ニューヨークの自宅で心臓発作のため死去（六九歳） 一二月八日　リバーサイド・メモリアル教会で追悼式	一月　ベトナム和平協定成立 四月　ベトナム戦争終結 八月　ニクソン大統領、ウォーター事件で引責辞任 一〇月　第四次中東戦争勃発

参考文献

（1）以下の文献リストは、本書で引用または参照した本を中心に作成したものである。邦訳のあるものについては、邦訳文献を先に出した。
（2）文献は原著の発行年順に並べた。
（3）アレントの雑誌論文は、主要なものはほとんど著書に収められているので割愛した。

▼日本語で読めるアレントの著書

①千葉眞訳『アウグスティヌスの愛の概念』（始まりの本）［*Der Liebesbegriff bei Augustin: Versuch einer philosophischen Interpretation*, 1929］（みすず書房、二〇一二年）
②大久保和郎訳『全体主義の起原1　反ユダヤ主義［新版］』（みすず書房、二〇一七年）、大島通義・大島かおり訳『全体主義の起原2　帝国主義［新版］』（みすず書房、二〇一七年）、大久保和郎・大島かおり訳『全体主義の起原3　全体主義［新版］』［*The Origins of Totalitarianism*, 1951; *Elemente und Ursprünge totaler Herrschaft*, aus dem Englischen von der Verfasserin, 1955］、邦訳はドイツ語版を底本にしている。
③志水速雄訳『人間の条件』［*The Human Condition*, 1958］（ちくま学芸文庫、一九九四年）、森一郎訳『活動

的生』[*Vita activa oder Vom tätigen Leben*, 1960](みすず書房、二〇一五年)
④寺島俊穂訳『ラーヘル・ファルンハーゲン——あるドイツ・ユダヤ女性の生涯』[*Rahel Varnhagen: Lebensgeschichte einer deutchen Jüdin aus der Romantik*, 1959](未來社、一九八五年)
⑤大久保和郎訳『エルサレムのアイヒマン——悪の陳腐さについての報告[新版]』[*Eichmann in Jerusalem: A Report on the Banality of Evil*, 1963](みすず書房、二〇一七年)
⑥志水速雄訳『革命について』[*On Revolution*, 1963](ちくま学芸文庫、一九九五年)
⑦引田隆也・齋藤純一訳『過去と未来の間——政治思想への八試論』[*Between Past and Future*, Revised edition, including two additional essays, 1968](みすず書房、一九九四年)
⑧阿部齊訳『暗い時代の人々』[*Men in Dark Times*, 1968](ちくま学芸文庫、二〇〇五年)
⑨山田正行訳『暴力について——共和国の危機』[*Crises of the Republic*, 1972](みすず書房、二〇〇〇年)
⑩寺島俊穂・藤原隆裕宜訳『パーリアとしてのユダヤ人』[*Die verborgene Tradition: Acht Essays*, 1976を再編集](未來社、一九八九年)
⑪齋藤純一・山田正行・矢野久美子訳『アーレント政治思想集成1　組織的な罪と普遍的な責任』、『アーレント政治思想集成2　理解と政治』[*Essays in Understanding*, 1994](みすず書房、1・2ともに二〇〇二年)
⑫中山元訳『責任と判断』[*Responsibility and Judgment*, 2003](ちくま学芸文庫、二〇一六年)
⑬高橋勇夫訳『政治の約束』[*The Promise of Politics*, 2005](ちくま学芸文庫、二〇一八年)
⑭山田正行ほか訳『反ユダヤ主義』〈ユダヤ論集1〉[*The Jewish Writings*, 2007](みすず書房、二〇一三年)、

齋藤純一ほか訳『アイヒマン論争』〈ユダヤ論集2〉［*The Jewish Writings*, 2007］（みすず書房、二〇一三年）

①は、アレントの博士論文（一九二八年、ハイデルベルク大学に提出）を公刊したもの。②は、全体主義を思想的・歴史的に分析した記念碑的著書。③は、アレントの政治理論の主著。ドイツ語版からの邦訳も出ている。⑦は、アメリカ革命とフランス革命を比較し、革命を「自由の創設」と意味づけている。⑨は、政治についての原理的考察を展開している。

▼草稿として残され、死後出版された著書

①佐藤和夫訳『精神の生活』［*The Life of the Mind*, vol. 1 *Thinking*, vol. 2 *Willing*, 1978］（上・下、岩波書店、一九九四年）

②浜田義文監訳『カント政治哲学の講義』［*Lectures on Kant's Political Philosophy*, 1982］（法政大学出版局、一九八七年）

③佐藤和夫訳『政治とは何か』［*Was ist Politik?: Fragmente aus dem Nachlaß*, 1993］（岩波書店、二〇〇四年）

④佐藤和夫編／アーレント研究会訳『カール・マルクスと西欧政治思想の伝統』［"Karl Marx and the Tradition of Western Political Thought" (1953), in *The Papers of Hannah Arendt*］（大月書店、二〇〇二年）

①は、アレントの親友のメアリー・マッカーシーが編集して、死後出版した著書。②は、カント政治哲学に関する講義録。④は、米国議会図書館で公開されている未公刊文書のなかから訳出したもの。

▼日記と手紙

①大島かおり訳『アーレント＝ヤスパース往復書簡――1926-1969』（1〜3）[*Hannah Arendt/Karl Jaspers, Briefwechsel 1926-1969*, hrsg. von Lotte Köhler und Hans Saner, 1985]（みすず書房、二〇〇四年）

②佐藤佐智子訳『アーレント＝マッカーシー往復書簡――知的生活のスカウトたち』[*Between Friends: The Correspondence of Hannah Arendt and Mary McCarthy, 1949-1975*, ed. by Carol Brightman, 1995]（法政大学出版局、一九九九年）

③“*... in keinem Besitz verwurzelt*”: *die Korrespondenz/Hannah Arendt, Kurt Blumenfeld*, hrsg. von Ingeborg Nordmann und Iris Pilling (Rotbuch Verlag, 1995)

④大島かおり・初見基訳『アーレント＝ブリュッヒャー書簡集』[*Hannah Arendt/Heinrich Blücher Briefe 1936-1968*, hrsg. von Lotte Köhler, 1996]（みすず書房、二〇一四年）

⑤大島かおり・木田元訳『アーレント＝ハイデガー往復書簡――1925-1975』[*Briefe 1925 bis 1975 und andere Zeugnisse: Hannah Arendt/Martin Heidegger Briefe 1925 bis 1975 und andere Zeugnisse*, 1998]（みすず書房、二〇〇三年）

⑥*Ich will verstehen: Selbstauskunfte zu Leben und Werk*, hrsg. von Ursula Ludz (Piper, 1998)

⑦青木隆嘉訳『思索日記Ⅰ』、『思索日記Ⅱ』[*Denktagebuch, 1950 bis 1973*, Bd. 1-2, hrsg. von Ursula Ludz und Ingeborg Nordmann, in Zusammenarbeit mit Hannah-Arendt-Institut, 2002]（法政大学出版局、Ⅰ・Ⅱともに二〇〇六年）

⑧深井智朗・佐藤貴史・兼松誠訳『アーレントとティリッヒ』[*Hannah Arendt-Paul Tillich. Briefwechsel,* 2002などから構成]（法政大学出版局、二〇〇八年）

⑨*Hannah Arendt – Uwe Johnson: der Briefwechsel 1967–1975,* hrsg. von Eberhard Fahlke und Thomas Wild (Suhrkamp, 2004)

⑩*Arendt und Benjamin: Texte, Briefe, Dokumente,* hrsg. von Detlev Schöttker und Erdmut Wizisla (Suhrkamp, 2006)

⑪*The Correspondence of Hannah Arendt and Gershom Sholem,* edited by Marie Luise Knott, translated by Anthony David (University of Chicago Press, 2017)

⑫Hannah Arendt/Günther Anders, *Schrieb doch mal hard facts über dich, Briefe 1939–1975, Mit 6 Schwarzweißabbilgumgen* (Piper, 2018)

⑦は、アレントの哲学的思索を記している。主としてドイツ語で書かれているが、英語で書かれた部分もある。

①は、内容豊かな往復書簡集。師弟関係を超えて対等で率直な意見交換が行なわれている。②は、メアリー・マッカーシーとの女性同士の会話のような書簡集。④は、夫のハインリヒ・ブリュッヒャーとの書簡集で、ブリュッヒャーが彼女の後半生において最愛の人であったことがわかる。⑤は、若い頃私的にも親密であったハイデガーとの往復書簡集。ただし、アレントからハイデガーへの戦前の書簡はほとんど欠落している。⑫は、最初の夫ギュンター・アンダース（シュテルン）との往復書簡や共同の論考などを収録。アレントが死ぬまで交流があったことがわかる。

▼手紙や著作の抜粋

①*Ich will verstehen: Selbstauskunfte zu Leben und Werk*, hrsg. von Ursula Ludz (Piper, 1998)

②*Denken ohne Geländer: Texte und Briefe*, hrsg. von Heidi Bohnet, Klaus Stadler (Piper, 2005)

③*Wahrheit gibt es nur zu zweien: Briefe an die Freunde*, hrsg. von Ingeborg Nordmann (Piper, 2015)

①は、アレントの手紙や討論の抜粋とともに、詳細な文献目録から成る。③は、友人宛ての手紙の抜粋。付録として戦後のアレントのヨーロッパ再訪に関する年譜も付いている。

▼対談、討論

①Friedrich, Carl J. (ed.), *Totalitarianism: proceedings of a conference held at the American Academy of Arts and Sciences, March 1953* (Harvard University Press, 1954)

②志水速雄「ハンナ・アレント会見記」『歴史と人物』一九七二年一月号、六〇—七四頁。

③Reif, Adebelt (Hrsg.), *Gespräche mit Hannah Arendt* (Piper, 1976)

④“On Hannah Arendt,” in: Hill, Melvyn A., (ed.), *Hannah Arendt: The Recovery of the Public World* (Harper & Row Publishers, 1972), pp. 301-339.

①は、全体主義についての討論の記録。②は、アレントの主著の日本語翻訳者による興味深い会見記。②は、ドイツ語での対談を収録している。④では、アレントは「すべての人間のなかにアイヒマンがいる」という意見に強く反対している。

▼草　稿

1　アレントの草稿や手紙など未公刊の資料は、アメリカ議会図書館（Manuscript Division, Library of Congress, Washington D. C.）所蔵の「アレント・ペーパーズ」（*The Papers of Hannah Arendt*）のなかに収められている。なお、二〇〇一年以降「アレント・ペーパーズ」は、すべてではないが、ホームページ上でも公開されている（http://memory.loc.gov/ammem/arendthtml/arendthome.html）。

2　アレントの夫ハインリヒ・ブリュッヒャーの講義録などは、音声と原稿が「ブリュッヒャー・アーカイブ」（Blücher Archive）で公開されている（http://www.bard.edu/bluecher/listen.php）。

▼伝記、評伝

①エリザベス・ヤング＝ブルーエル／荒川幾男ほか訳『ハンナ・アーレント伝』［*Hannah Arendt: For Love of the World*, 1984］（晶文社、一九九九年）

②ルイス・A・コーザー／荒川幾男訳『亡命知識人とアメリカ——その影響とその経験——』［*Refugee Scholars in America: Their Impact and Their Experiences*, 1984, pp. 189–196］（岩波書店、一九八八年）二〇九—二一八頁

④Heuer, Wolfgang, *Hannah Arendt*,《rowohlts monographien》（Rowohlt Taschenbuch Verlag GmbH, 1987）

⑤エルジビェータ・エティンガー／大島かおり訳『アーレントとハイデガー』［*Hannah Arendt·Martin Heidegger*, 1995］（みすず書房、一九九六年）

アレントについての伝記的研究は数多く出版されてきたが、①は、ニュースクール時代の学生だった著者による、初めてにして最も詳細なアレント伝。④は、アレントの生涯と主著を簡潔に紹介している。⑤は、アレントとハイデガーの書簡をもとに二人の親密な関係を明るみに出しているが、ヤング＝ブルーエルが①の第二版序文で批判しているように、多分に想像が混ざっている。

▼入門書

①マーガレット・カノヴァン／寺島俊穂訳『ハンナ・アレントの政治思想〔新装版〕』〔*The Political Thought of Hannah Arendt*, 1974〕（未來社、一九九五年）
②仲正昌樹『今こそアーレントを読み直す』（講談社現代新書、一九九六年）
③太田哲男『ハンナ＝アーレント』（清水書院、二〇〇一年）
④杉浦敏子『ハンナ・アーレント入門』（藤原書店、二〇〇二年）
⑤杉浦敏子／ふなびきかずこイラスト『ハンナ・アーレント〔イラスト版オリジナル〕』（現代書館、二〇〇六年）
⑥矢野久美子『ハンナ・アーレント――「戦争の世紀」を生きた政治哲学者』（中公新書、二〇一四年）
⑦川崎修『ハンナ・アレント』（講談社学術文庫、二〇一四年）
⑧中山元『アレント入門』（ちくま新書、二〇一七年）
⑨森分大輔『ハンナ・アーレント――屹立する思考の全貌』（ちくま新書、二〇一九年）

①は、アレントの生前に出版された概説書。アレントは、この本の「批判的トーン」を評価している（「訳者

あとがき」参照）。④と⑤は、アレントの政治思想を手際よくまとめている。⑥は、第一線のアレント研究者・翻訳者による伝記的な研究。⑦は、アレントの政治思想を内在的に読み解き、その論理構造を伝えている。⑨は、アレントの主著の読解をとおして彼女の思考の軌跡と特性を明らかにしている。

▼研究書

①Vollrath, Ernst, *Die Rekonstruktion der politischen Urteilskraft* (Klett, 1977)

②R・ベイナー／浜田義文監訳『政治的判断力』[*Political Judgment*, 1983]（法政大学出版局、一九八八年）

③マーガレット・カノヴァン／寺島俊穂・伊藤洋典訳『アレント政治思想の再解釈』[*Hannah Arendt: A Reinterpretation of Her Political Thought*, 1992]（未來社、二〇〇四年）

④Heuer, Wolfgang, *Citizen: Persönliche Integrität und politisches Handeln: Eine Rekonstruktion des politischen Humanismus Hannah Arendts* (Akademie Verlag, 1992)

⑤D'Entrèves, Maurizio Passerin, *The Political Philosophy of Hannah Arendt* (Routledge, 1994)

⑥デーナ・R・ヴィラ／青木隆嘉訳『アレントとハイデガー——政治的なものの運命』[*Arendt and Heidegger: The Fate of the Political*, 1996]（法政大学出版局、二〇〇四年）

⑦Pitkin, Hanna Fenichel, *The Attack of the Blob: Hannah Arendt's Concept of the Social* (University of Chicago Press, 1998)

⑧Benhabib, Seyla, *Transformations of Citizenship: Dilemmas of the Nation State in the Era of Globaliza-*

tion: Two Lectures (Koninklijke Van Gorcum, 2001)
⑨寺島俊穂『ハンナ・アレントの政治理論――人間的な政治を求めて』（ミネルヴァ書房、二〇〇六年）
⑩E・ヤング＝ブルーエル／矢野久美子訳『なぜアーレントが重要なのか』[*Why Arendt Matters*, 2006]（みすず書房、二〇〇八年）
⑪川崎修『ハンナ・アレントの政治理論』〈アレント論集1〉、『ハンナ・アレントと現代思想』〈アレント論集2〉（岩波書店、１・2ともに二〇一〇年）
⑫*Hannah Arendt: ihr Denken veränderte die Welt: das Buch zum Film von Margarethe von Trotta*, hrsg. von Martin Wiebel (Piper, 2013)
⑬中山元『ハンナ・アレント〈世界への愛〉――その思想と生涯』（新曜社、二〇一三年）
⑭Nixon, Jon, *Hannah Arendt and the Politics of Friendship* (Bloomsbury, 2015)
⑮対馬美千子『ハンナ・アーレント――世界との和解のこころみ』（法政大学出版局、二〇一六年）
⑯百木漠『アーレントのマルクス――労働と全体主義』（人文書院、二〇一八年）

①は、アレントが評価するドイツ人研究者の判断力論。③は、アレントの政治思想を内在的に解釈し、その共和主義的側面を強調している。⑨は、アレントの活動概念を市民活動の政治理論として捉えなおしている。⑪は、本格的なアレント研究の集成。⑫は、映画「ハンナ・アーレント」に関連した諸テーマについて解説している。⑯は、アレントのマルクス解釈は誤読だが、生産的誤読であり、新自由主義批判にも援用できるとしている。

▼関連書

①プラトン／久保勉訳『ソクラテスの弁明・クリトン』（岩波文庫、一九二七年）
②プラトン／加来彰俊訳『ゴルギアス』（岩波文庫、一九六七年）
③トクヴィル／松本礼二訳『アメリカのデモクラシー』（岩波文庫、第一巻（上・下）、第二巻（上・下）、二〇〇五—二〇〇八年）
④H・D・ソロー／飯田実訳『市民の反抗　他五篇』（岩波文庫、一九九七年）
⑤ユルゲン・ハーバーマス／細谷貞雄・山田正行訳『公共性の構造転換——市民社会の一カテゴリーについての探究［第二版］』（未來社、一九九四年）
⑥エンツォ・トラヴェルソ／柱本元彦訳『全体主義』（平凡社新書、二〇一〇年）
⑦ジーン・シャープ／瀧口範子訳『独裁体制から民主主義へ——権力に対抗するための教科書』（ちくま学芸文庫、二〇一二年）

①と②におけるソクラテスのことばは、アレントの思考と良心についての洞察の基底になっている。③は、異国から来た旅行者が、アレント同様、アメリカの政治文化に驚き、「アメリカの中にアメリカを超えるもの」を発見し、叙述した書。④は、市民的不服従の古典的著作。⑤は、アレントの公的領域についての考察をヒントに公共圏の歴史的展開を明らかにしている。⑥は、全体主義概念の歴史的変遷を明らかにしている。アレントの全体主義論の位置づけを知ることができる。⑦は、アレントの権力論を非暴力革命の理論に応用している。

あとがき

本書は、ハンナ・アレントの政治思想を初学者にもできるだけわかりやすく概説した書である。アレントの著作はさまざまな読み方が可能であり、原著を繰り返し読むことがアレントを理解するための最良の道ではあるが、本書は、アレント政治思想の全体像を理解するための手引きになればという思いで編んだ本である。

私がはじめてアレントに取り組んだのは、一九七二年のことである。最初に読んだのは『革命について』であり、いまでもこの本がアレントの最良の書だと思っている。私が感動したのは、当時、関わっていた市民運動での生き生きとした討論と活動の体験がその本のなかで人類の歴史的経験として確認できたからである。私は、アレントを研究することは人間の営みとして政治を捉えなおす契機になると考えたのである。

その後、私は大学を離れて社会調査の仕事などをしていた時期もあるが、一九九〇年にアレントの思想形成に関する本を公刊するまでは、アレントの政治思想を研究の中心に置いていた。それ以後は、現代の政治哲学者についての文献学的研究を続けるとともに、市民的不服従、非暴力防衛、近代国家の構成原理、シティズンシップ、戦争廃絶という順で現代政治の諸問題を取り上げ、思想的分析を行なってきた。これも、アレントから学んだことを私なりに実践したかったからである。つまり、私はアレント研究者になる道を歩まずに、アレント自身がそうであったように、一人の思想家に寄りかかることはせずに思考していく道を選んだのである。一九九〇年代にアレントが注目され、思想界のブームになってからも、私は、アレントから距離を置き、私なりに政治理論と格闘してきたつもりである。

しかし、退職も間際に迫り、二〇一八年四月に萌書房の白石徳浩氏から叢書〈語りつぐ政治思想〉の第二作の執筆を依頼され、ふたたびアレントを振り返る機会が訪れたのである。第一作『語りつぐトクヴィル――再生のための「デモクラシー」考』の著者で、私が尊敬する政治思想研究者である中谷猛先生のすすめもあり、アレントでということになったからである。とはいえ、すでにアレントについては多くの優れた本が公刊され、研究の進展にもめざましいものがある。いまさら屋上屋を重ねても、という気持ちもあったが、二〇一八年に政治哲学の概説書（『政治哲学概説』法律文化社、二〇一九年）を書く仕事と並行して、アレントの主著を再読し、手紙や草稿も読みなおし、政治哲学の視点からアレントを論じなおすことには意義があると考えたのである。

アレントについては、本書一二五頁でも言及したように、映画「ハンナ・アーレント」が日本でも評判を呼んだほか、アレントの思想と生涯についての記録映画（*Vita Activa: The Spirit of Hannah Arendt*, 2015）も制作されている。また、ドイツでは二〇一八年からアレントの全集（*Hannah Arendt. Kritische Gesamtausgabe*, Wallstein Verlag）の刊行が始まっている。今後も、未公刊の手紙なども出版されていくであろうし、アレントは世界的に注目され続けていくであろう。

本書は、アレント政治思想の全体像を簡潔に示すことと、政治思想家、政治哲学者としてのアレントの思想的核心を明らかにすることに主眼を置いた。とくに重視したのは、人間論と政治理論の関係であり、すぐれた政治思想家には必ず人間論があるということを示したかったのである。また、活動生活と精神生活のつながりという、私がアレント研究を始めた当初からの問題関心についても再考してみたかったのである。もちろん、最大の関心事は、政治を職業政治家から取り戻し、市民の営みにするための規範的原理の提示にあり、紙幅の制約もあり、基本的枠組みを示しただけではあるが、私の現時点での問題関心からアレントの政治思想をまとめなおすことに重点を置いたのである。

本書の制作、出版に当たっては、萌書房の白石徳浩氏にはたいへんお世話になり、感謝している。重要人物の生没年と説明、重要な用語の説明を脚注に記すことにしたのも、白石氏の要請による。人物や用語を簡潔に説明するのには困難を伴ったが、本書の内容が多少なりともわかりやすくなっていれば、と願う次第である。本書は、副題に示したように、「〈あるべき政治〉を求めて」という視点からアレントの政治思想を再解釈したものであり、読者にとって政治を根底的に考えなおすために少しでも役立てば、幸いである。

二〇一九年八月

寺島俊穂

■著者略歴
寺島俊穂（てらじま　としお）
1950年東京都に生まれる
現在，関西大学法学部教授
主要著作
『政治哲学概説』（法律文化社，2019年）
『戦争をなくすための平和学』（法律文化社，2015年）
『現代政治とシティズンシップ』（晃洋書房，2013年）
『ハンナ・アレントの政治理論――人間的な政治を求めて――』（ミネルヴァ書房，2006年）
『市民的不服従』（風行社，2004年）
『政治哲学の復権――アレントからロールズまで――』（ミネルヴァ書房，1998年）ほか多数。

ハンナ・アレント再論　　叢書〈語りつぐ政治思想〉
――〈あるべき政治〉を求めて――

2019年12月20日　初版第1刷発行

著　者　寺島俊穂
発行者　白石徳浩
発行所　有限会社　萌《きざす》書房
〒630-1242　奈良市大柳生町3619-1
TEL（0742）93-2234 / FAX 93-2235
［URL］http://www3.kcn.ne.jp/~kizasu-s
振替　00940-7-53629

印刷·製本　共同印刷工業・藤沢製本

ISBN978-4-86065-135-0